아기의 발코니

변삼학 시집

문학공원 기획시선 19

아기의 발코니

변삼하 시집

수유 중 젖꼭지는 내 입술이다
그 누구와의 입맞춤이
이르듯 단침의 샘물이 솟아나는 벅찬 달뜸일까

〈서시〉

부화의 꿈

지난 달력을 넘기면
달걀 한 판 들여놓듯
신성한 서른 날을 맞이한다
모난 데 없이
구르기 쉬운
생달걀 다루듯
조심을 기울어야하는 생
간혹 노른자위 황금요일도 기대하며
숨결의 속도를 높인다

완전식품
달걀 같은 삶 될 수 있을까
흰자의 단백질은
모든 생명들 원동력 사랑의 에너지다

또 한 장의 달력을 넘길 때
한 판의 달걀이 소모되는 날이기보다
언젠가
한 판의 알이
부화하여 삐약삐약 팡파르 울리는 날
꼭 있으리라!

지금 내
가슴 온도는 부화하기 딱 좋은 36도,

차례

1부

아기의 발코니

2부

용마루를 위한 만찬

차례

3부

강의 모정

4부

자투리의 꿈

차례

1부

아기의 발코니

앞으로 어부바한 내 가슴의 깊은 움은 곡진한
아기의 발코니, 꽃 포대기 두른
발코니에 담은 옹알이 송 싱그럽게 들리는 날,
한 아름 가슴과 여린 새가슴 맞닿아
서로의 고스란한 좌우 심방 아랫목이 따사롭다
아기의 살가운 앞발질이
태아의 집으로 되돌아온 듯 새로이 뭉클하다

젖내 훙건히 배어든 누비 캥거루주머니 속에서
무한히 마주 올려다 본
어미의 시선은 아기에겐 가장 미쁨의 풍경일까
꿀 빛 여린 입술
풍경 위로 방글방글 날아든 어미의 깊은 눈부처에
아기의 눈부처 초롱이 담긴다
큰 호수에 작은 쪽배 죄암죄암 노를 젓고 햇살은
곤지곤지 따라온다

발코니 요람에 한 뼘 시간의 날개 드리울 때,
흰 구름으로 빚은
아기의 엄지 입에 물리면, 어미는 뭇시선이 스치는
난장에서도 유유히

돌아치는 두 젖 방의 문 스스럼없이 열어준다
떠다니는 발코니에서
수유 중 젖꼭지는 내 입술이다
그 누구와의 입맞춤이
이르듯 단침의 샘물이 솟아나는 벅찬 달뜸일까

어머니의 단내

소가 우황(牛黃) 한 냥 짓는 통증에 비할까
아궁이 불살 다루기에
속마음 낱낱이 부화시킨 어머니의 두 눈에
매운 불꽃 흠뻑 맺혔다
밤새 불길 어르던 부지깽이 심지, 한 뼘 닳아질 때
서녘으로 기울던 달빛, 잠시
가마솥으로 비쳐들어 은잔 가득히 입맞춤을 주고가면
뭉근히 삭혀진 엿물의 절정이
삿갓구름의 부피가 발효되듯 졸여들기 시작한다

어머니의 살굿빛 희망이 돗자리 살같이 엮여오면
어린 새벽별들 엿물로 다
숨어들어 한바탕 숨바꼭질을 끝내고 나면 주걱 끝에
늘어지는 금줄이 찬란하다
어머니의 콧김이 메케할수록 단맛이 짙어진 진액은
한말들이 반말들이 통에 담겨
대처로 흩어진 어머니의 알진 이름들 새겨져 곧
다가올 설 명절을 기다린다

연래행사처럼 조청을 고우는 하얀 동짓달
겨우 새벽녘 아랫목에서 어머니

등허리에 고여 든 씀바귀보다 진한 담즙을 녹여낼 때
구김살 많은 살림살이에
겹겹이 감긴 단내 온 집안에 물씬 풍겨난다

지리산 운무(雲霧)

구름 빛 드레스자락을 수시로 펼쳤다가 걷어 올리는
천사들이 둥지를 틀고 있는 숲,
붉은 메아리가 장전된 무덤의 벼랑에 통곡을 경청하는
칼바람 새가 있다
굶주린 넋보다 적군에 총 맞은 넋들이 더 많은 이곳에
도리 없는 악령도 있다
험상한 상처를 치유하는 천사들 하루 수차례 산허리에
젖은 붕대를 감고 되풀어낸다
붕대가 풀릴 때마다 소름 돋는 숲은 차츰 치유해 가고
정겨운 형상을 짓는 수목들
피아골을 곱게 물들이고 눈이 퇴화한 새들이 찾아와
노래를 부르면 눈이 뜨이고
꺾인 날개가 새로이 돋아 지저귀는 것은 이 신비의
약산(藥山) 전설을 번역하는 것
묘비명도 없이 시간이 정지된 젊은 넋들 천사의 호위병으로
입김을 감아 평화의 트럼펫을 불며

날마다 계곡 물에 목욕재계하며 천사와 손잡은 악령들도
북방을 향해 비둘기 노래를 합창한다
달밤이면 이념을 가진 달빛은 비둘기 옷을 입고 수렁에
빠진 이들 구하려는 듯 발걸음이 빨라지며
각본 없는 운무의 바다에 칼바람 새는 물고기가 되었다가
물새가 되었다가 거듭나 산새가 된다
산등성에 천사의 날개자락이 걸려있는 시간 촉촉한
천사의 면사포 비단수술에
생채기와 화해한 협곡의 소망이 초롱초롱 눈웃음을 치고
날짐승들과 격이 없는 영혼들
등산길 발걸음에 영검한 신비의 휘파람을 불어 올린다

유기농 주방장

식전 가마솥에 김이 피어오르듯
두엄더미서도 김이 물안개같이 피어올라 뜸을 들이는
나물밥 냄새가 새콤하다
한 해의 유기농이 된 아버지 두엄을 삭히기 위해
거두어 온 산야 들풀을 절인 진땀에
우분(牛糞) 계분(鷄糞) 양념을 곁들인 발효 식품의
보조요리사는 사계절 햇볕과 밤이슬이지만
주 요리사는 유기농 배합사의 주방장인 아버지다
곰삭힌 가자미식해 같이 발효된 두엄더미 허는 날
한 삽 두 삽 퍼 내리는 삽날에
햇빛 그림자를 달고 쪼르르 몰려드는 식객들
고물거리는 통통한 식해의 밥알들에 만찬을 즐긴다
운 좋은 놈 지렁이 한 마리 물고 도망치고
지네 한 마리 물고 달아나는
어미 닭의 뒤를 쫓는 한껏 봄빛 빼문 햇병아리 떼들,
그들이 후벼 파먹고 남은 애벌레는
출출한 텃새들의 담백한 새참이다
진즉 두엄의 주인 주방장의 단골 식객은 들녘에서
목을 빼고 기다리는 푸른 작물들이다
그 식객들 한 줌의 두엄을 먹고 살 오른 포기들은
우리들의 그득한 친환경 밥상!

노각(老脚)

무명작가의 추상화 두 폭이 그려져 있다
통증의 주머니를 모델로
조각조각 끊어진 생의 밑줄 쳐진 각선(脚線)
상류하던 눈물 줄기
길을 잃고 머문 곳 통증이 푸른 우물이 된 곳
얼마나 수심 깊기에 저리 푸를까
저 수심에 쪽배를 띄우고 타고 떠내려가다
수심을 짚어보는 일은
통증을 추가로 부풀리는 일

저곳은 비가와도 기물어도 울음의 장딴지
고여 있는 곳은 통증의 가문이다
끝내 불시착한 통행의 체증도 풀어내지 못한
어머니의 하지정맥, 두 점의 양각화가 굳어간다
수심이 깊어질수록 우물은 정화하는 것
통증은 가라앉히는 것이라고,
나는 어머니의 끊어진 정맥에 지압 열 손끝 다해
혈행의 길을 찾아 헤맨다

야맹증

달빛이 길을 가르쳐주어도 발걸음은 망설인다
바람이 뒤꿈치를 꼬집어주어야
어둠에 깃든 골목의 심지가 그을음같이 보인다
온 밤하늘의 별들이
쏘아내리는 그 많은 빛의 지원도 소용이 없다

밝은 날 새겨둔 내
최초의 나침판 지도에도 밤이면 오류가 발생한다
밤안개가 허방다리를 놓고
밤이슬이 불량 도로공사를 하여 미끄럼을 태운다

때로는 대낮에도 어둠에 갇힐 때가 있다
빌딩의 숲에서 장신구같이 치장한
인연들에 치어 앞뒤 캄캄하여 길을 잃는다

하얀 마른 날, 만기의 예고도 없이
날벼락같이
새까만 뒤통수에서 대기발령통보를 맞았을 때,

자선의 보석

그들 몸값은 자판기 커피 한두 잔 값이다
열꽃을 품은 그들 한 장 한 장이
자선의 인력거를 타고 냉기만이 밀려드는
별 동네 한겨울 속으로 파고든다

윤기 자잘한 검은 보석을 부여잡는 체온의
손바닥과 손바닥을 넘어
이웃 사랑 건네는 릴레이의 개미떼 행렬에
굽은 골목길은 뜨거워진다

까만 연밥 같은 구공탄의 깊은 눈망울에
햇볕이 꾸벅 바람이 꾸벅 인사 건네고 나면
그들은 좁은 돌계단 위,
홀로노인의 부엌 창고에 서로의 어깨를 받혀
약속된 자선의 다보탑으로 쌓이고 나면

원통 속, 열아홉 숨구멍 심지에
점화된 화력은 냉기의 해독을 풀어내는
불꽃송이들 아랫목을 데우고 나면
독거노인들 모발처럼
커피 값은 하얀 불사리(佛舍利)로 화한다

애원(哀願)

통곡의 동굴로 출근할 때면 나는 원색을 배제한
의상에 마음을 준다
색의 종결인 검정과 색의 시발인 흰색만이 동굴
출입자들에겐 생과 사의 예의,
저승길 징검다리 건너야 할 이승의 마지막 정거장
에서
잠시 쉬는 영정을 보면
산다는 것은 자신의 몸을 가벼이 조금씩 하늘로
이삿짐을 나르는 듯하다

향불내 떠날 날 없는 방마다 낀 애곡의 운무 속에
슬픔도 허기가 진다
조문객과 식욕 잃는 슬픈 자들에 통곡에 버무린
식선을 담아내는
나도 흑백의 존엄 속에 은연중 숙연함에 젖고
밀려오는 객의 수에 따라
속도와 양의 조절에 온몸 하루 밤낮을 기울인다

날마다 상을 당하는 장례예식장의 도우미 나는
마지막 망자의 상을 정갈히 차리며
곡비의 맘가짐으로 가시는 길 편안을 빌어드리며

감히 보짱머리 없는 청이오나
상주는 울어서 눈이 붓고 나는 날마다 밤잠을 잃어
퉁퉁 부어 목탁소리를 낳는
팔다리의 염불을 데려가 달라고 매번 애원을 해본다

신발

사내 발 같은 마당 코에만 마음을 줘야 해
길거리 지하도나 노점상에 쌓인
앞볼 넓은 사내에게만 눈길을 맞추어야 해
신발장에 제비족처럼 나비넥타이 맨
뾰족 콧날에 뒤축 높은 것들은 싹 밀쳐두고
투박하고 무덤덤한 사내만 맞아들여야 해
발가락마다 옹이진 넓죽 발,
외출 때 행선지 따라 마음 가는 사내를 불러
말을 부리 듯 타는 게 안장만큼 편안해
세일즈맨으로 부득이 각선미 드러내야 했을 때
필요했던 뾰족 콧날들 돌이킬 수 없음을 알아야 해
낮은 비명의 고통으로 절뚝거릴 때
내 관절 속 단물 다 핥아먹어 빠드득빠드득
빈 그릇 닦는 소리만 울리게 한 것을,
지금은 뒤축이, 두루뭉술한 거룻배 같은 사내만이
윤활유 없는 무릎 관절을 순탄히 운행할 수 있다

요가(yoga)

일생 나는 무릎을 몇 번이나 꿇었을까
꿇고 굽혀야 할 자세를 굽히지 않았던
오만한 고집의 죄가 군더더기로 뭉친 것이다
다소곳 무릎 꿇고 바닥에 이마 내리는
때늦은 자세가 주리를 트는 고문이 될 줄이야
진작 받았어야 할 고문
옆과 옆을 스치는 아픔의 소리 외면한 탓일까
그 불손함이 옆구리 질기게 붙들고
좌우 휘청 기울기를 거부한다
맞추지 못한 리듬의 심호흡이 한숨으로 번져나고
베풀지 못한 주위의 간절함이 내 관절로 숨어들어
뿌드득뿌드득 반란을 일으킨다
축적된 내 죄가 제 몸에 충격의 매질을 가하고 있다
마주 보는 지도자의 동작을 따라하는 것은
역순의 방향이라고 거울이 말해주듯
내 둥근 몸뚱이 요소요소에 뭉친 혈맥들로 들어찬
부정의 살집 마을에는 제자리 뛰기에도
헉헉거리는 업보의 미련한 집단인가
퇴화의 화석(化石)으로 가는 길,
온몸 화사(花蛇)처럼 똬리 틀었다 되푸는 뱀의 동작은
나를 물구나무서듯 온전히 갈아엎는 새순의 길

부레옥잠화

북적대던 계곡서 피서객으로부터 유배된 것이다
연못에 여자의 가슴이 떠다닌다
두 줄의 어깨 끈 수초뿌리처럼 늘어뜨린 채,
아직 가라앉지 못한 그녀의 체취를 품은 젖가슴,
잃어버린 살결을 찾듯 맴돈다
C컵 90은 될 듯한 가슴, 부레옥잠화 잎자루처럼
부풀어 오른 두 봉우리에 핀
꽃무늬, 햇볕에 붉은 꽃술이 방글거린다
그 위로 뭇 새들 차례로 앉아 꽃잎을 쪼아댄다

젖내를 맡은 것일까 암내를 맡은 것일까 연못 주변이 수런댄다
풀숲에서 뛰어든 비단개구리 청개구리 본능을 정지할 수 없다는 듯 글래머의 젖가슴 향해 물살을 가른다 수초 속 장구애비 게아재비도 낯선 물체에 추락한 비행접시 바라보듯 정신을 팔고 있다

온갖 수컷들이 앉았다 간 가슴,
어디론가 바람 따라 돛배처럼 떠밀려간다
돛배 주위에 무수한 파문이 인다
수놈 물고기들의 물밑 쟁탈전이 벌어진 것이다

최후의 승자, 화려한 쌍돛대의 방갈로에서
연못 가족들 축제가 벌어질 것이다
늘어진 브래지어 끈,
이제 부레옥잠화 뿌리로 정착을 꿈꾼다

배반의 정체성

어선들이 들고나는 희붐한 새벽녘바다
포구의 끝자락에 폐선 한 채 혼자 몸을 흔들고 있다
오늘 나와 함께할 친구는 저 폐선이다
민박집을 나온 나는 폐선, 그녀의 뱃속으로 들어간다
아침햇살이 그녀의 오장육부를 낱낱이 비춘다
그녀의 골반사이 자궁에 나이테를 감춘 짠물이 고여
내 그림자를 담고 미소를 짓는다
폐경을 맞아 마른 샘을 달고 온 나보다 그녀는 젊다
그녀의 가슴팍에 앉은 선장실 핸들이 아직도
생산을 멈추지 않은 여인의 둥근 배등처럼 팽팽하다
그녀의 발치에 녹슨 발톱들이 속도의
촉을 세우고 언젠가는 출항의 기회를 엿보고 있다
폐경이 된 후에야 나는 알았다
성의 권리가 배반당하는 가장 우울한 방황이라는 것을
아직 정체성의 본질을 잃은 것은 아니다
이 폐선처럼 가슴팍에 유두를 세우고 발톱에 힘을 세워
남은 내 생의 항해는 이어질 것이다
머리 위를 선회하는 물새들 돌아가라는 듯 끼룩인다

배려

몇십 미터 발품 팔아 얻은 것은
생각이 귀하다
좁은 골목시장 처음 검은 봉지를
부탁한 것이 지금까지 이어온다
이는 서로 간의 배려다

어쩌다 투명 봉지에 과일 사들고
집 앞 과일가게 앞을 지날 때면
가게주인은 내 뒤통수를 찌른다
이웃 간에 꼭 팔아주어야만 배려가 아니다
최소한 그들의 마음을 찌르는
모습을 보이지 않는 것도 배려다

식구 많은 집안 발품 팔아 생긴 과일 몇 알은
입안 치아의 건반을 몇 소절 아삭하게
더 연주할 수 있다
검은 봉지 몇 개 들고 집으로 들 때면
진즉 내가 찔릴 때도 있다
검은 봉지속의 내 마음 들킨 것 같아서

출구

활짝 미치고 싶은 오늘은 미행당하기 좋은 날, 속없이
떠나야 하는 세모의 길은 이정표에는 없다
무엇을 찾아 달리는지 내 머릿속 동그라미만이 알
고 있다
위험을 지불해야 하는 길 위의 질주,
속도를 달래며 기상의 정체를 열어보면 하늘의 옷
자락에
매달린 은유는 매우 우호적이다
흰 구름 본당을 넘어 천상으로 잇댄 수 킬로의 길이
아찔한 분화구속의 화석처럼 조밀하다

망초꽃다발로 다문다문 앉은 촌락 뒷산 봉우리를
업은
나들목 신호등 앞에 검은 화환의 타이어들이
보아라! 내게 교훈을 하듯 질서를 유지하고 있다
한때 길 밖의 지붕 아래서
중견자리 아슬아슬 유지했던 나는 꼬리도 없이 잘렸다
꼬리 없는 날개로 생명선 안에 버티고 선,
공사 중 팻말에 갓길을 돌아가야 하는 내 실체의
발언인
긴 프로필을 끌고 따라온 그림자는 고행의 미행자

<

뿌리 뽑힌 넝쿨처럼 늘어진 자아의 전망을 찾는 기로에
느린 인사말 건네는 냇물을 속속들이 검색한 창마다
신열을 앓는 태양은 온종일 누설한 비밀만 깊이 감춘다
땅거미의 숨소리 번지는 제한속도에 멀미를 통행료로 물고
달리는 직진의 달빛에, 일몰의 사랑방에서
먼동을 잉태 중인 출구가 세모의 실루엣으로 출렁인다

역광

음영으로 빚어진 액자 속 화면, 면벽에서 상영된다
강변으로 쏠린 갈대의 실루엣 뒤로
역광의 일몰이 삼단의 불꽃으로 천국의 계단을 태운다
기억의 심지 돋우는 바람꽃의 유희 속에
시간이 정지된 피사체(被寫體) 그가 있다
피사체의 굳은 몸체가 휘둘린다 안개의 눈물을 연주하는
갈대의 악사와 함께
어디선가 그에게 지난 추궁을 요하는 바람결에
물새들의 은밀한 울음이 대답의 물방울로 튀긴다

빈약한 숫자에도 고개 숙이던 그는
한 번도 역광을 벗어나 순광이나 측광이 되지 못해
일상의 뒤안길에서도
적막한 역광의 대각선 그늘에 묻혀 해고를 당했었다
그 후 그는 두 눈에 빛을 잃어갔다
그 빛이 완전히 사라져도
일출처럼 되돌아오리라는 꿈을 그는 밤마다 꾸었다

가장 무르익은 불혹의 계절에

어둠과 빛의 뺄셈으로 답이 없는 그믐밤이 된 그가
어느 날 유토피아로부터 초대를 받아 떠났다
그곳 만찬이 무한정 길어 영원한 숙박자가 되었을까
날마다 저 액자 속 피사체는
그 역광의 산란 작용으로 말미암아 지금도 내 앞에
명함은 부정한 입체이나
눈을 감고 바라보면 태양을 거느린 순한 하늘빛이다

밥순이 아지매

기적이 안개 속에 재채기를 할 때,
증기열차 기관사, 나는 그 재채기에 중독돼있다
동이 트기 전 먼저 집, 간이역에서
가족을 위해 시발의 기적을 울린 증기, 위벽을 적시는
밥 냄새, 콧김으로 먼저 끼니를 때운다

밟힌 질경이들이 체머리 치는 골목을 통과하는 아침
이웃들이 부산이 따뜻하다
요구르트 배달부가 집집이 다닐 때, 나는
입입이 먹일 하루를 몇 가마니 씻어 불려야 한다
없어서 안 될 하얀 별 싸라기 쌀

수백 명이 먹을 찐 밥이 증기를 일으키는 한낮에
인절미 향 흰 구름 꽃이 피어오른다
내가 보석 밥 짓는 우등 기관사 된지 아름아름
계절만큼 내일을 지켜온
시간의 열매, 밥의 향내로 농익어 대롱대롱
어둠이 이슬 속으로 스며들 때,
울리는 기적 뚝뚝 멈추는 종착역 저녁은 숭고하다

내가 익힌 별 싸라기 보석 밥이

쌀알만큼 희고 깨끗한 하루의 발을 세우고 눕힌다
꿈속의 밤은 꽉 찬 곡간으로 부유하여
두 손으로 박박 닦은 쌀뜨물이 강물처럼 넉넉하다
쏟아져 흩어져도 빛나는 별 싸라기
내 희망의 언어를 불어넣어 가구공장 식당 주방장
밥순이 나는 내일도 양떼구름을 지을 것이다

웃음의 뿌리

여름내 매미 울던 나뭇가지에 스피커가 열렸네
잘 익은 스피커 열매에서 들리는
굵직한 목소리 온 들녘을 지글지글 굽듯 구수하네
가을빛 따가운 마을회관 그늘마당에
장날 사람 모이듯 이웃마을 독거노인들 모이네
형님 아우 친구 반기는 손 인사 한창일 때,

함빡 웃는 황금빛 해님 얼굴이 담긴 녹색 피켓을 든 여성 봉사자,
"자! 모두 다 함께 웃어요!"
가슴에 스마일마크 단 중후한 남자 봉사자 온몸 무너질 듯
턱이 빠져라 웃기시작이네
"핫! 핫! 홋! 홋! 힛! 힛!"
두 손바닥 뜨겁도록 박수와 함께 모두 따라 웃는데

전혀 흥미를 보이지 않는 청각이 저문 노인, 딴청부리는
시각이 저문 노인, 목발노인 등
여성 지도자 그들을 품어 안고
나는 행복하다를 거듭 외치네

그들 삶의 밑창에 숨어버린 웃음의 뿌리 애써 자아 올려
오래 갇혔던 잃어버린 웃음 더디어 되찾았네
독고에 절인 노인들 구린 입내 씻기는 웃음
맺힌 한을 쏟아내듯 토해내네
"핫! 핫! 홋! 홋! 힛! 힛!"
온 산야의 메아리도 함께 웃네
장애, 고독사(孤獨死)를 이기는 지름길 웃음치료밖에 없네

안개의 덫

동공(瞳孔)의 유리창에 위생처리 되지 않은
엷은 커튼이 안개처럼 내려앉았다
신의 바람에도 꼼짝 않는 그 안개의 덮개, 진득이
뿌리내려 은근슬쩍 변장술을 부린단다
TV를 보실 때면 0.5미터 가시거리의 시야 속으로
운무가 피어오르듯 화면 속의
등장인물들 몽환에 젖어 헤매는 듯 보이신단다

누구의 지시를 받은 형질인지, 자막을 보실 때면
단어의 아귀를 지우는 몹쓸 수완을 부린단다
자식을 지식으로 읽히는 눈에는
ㅏ, ㅓ가 ㅣ로 ㅗ, ㅜ는 ㅡ로 모음의 점자를 따먹는
안개의 덫에 어머니는 단단히 걸리셨다

생의 이력서가 불러들인 덫에 걸린 어머니
두 눈은 늙은 안개의 성(城), 그 성에 오래 갇히면
개기일식에 눈동자는 곧 밀봉될 것이란다
그 단단한 성문을 열어 백내장 덫을 걷어낸 자리
유통기한이 모호한 인조 수정체를 갈아 넣어드린다
캄캄한 인공 개기월식을 치른 뒤
하늘이 열리는 순간 눈에 넣어도 아프지 않을 선명한
가족들의 얼굴이 뜀박질로 달려온다고

2부

촛불

사찰의 등(燈) 공양도 아닌 비린 장바닥
폐 양철통 속에서
빛의 상징이 아닌 훈기의 상징으로 타는 그녀가 있다
한 송이 촛불 그녀의 꽃술에
점화되는 순간부터 피어난 열꽃에 데워지는 차가운
어머니의 둔부
난로이면서 의자인 그녀 위에 앉아 조개를 까는 어머니
혹한에 찍찍 내뱉는
조개들의 눈물받이 열 손가락 아림은 그녀의 작은
운김이 피워내는 큰 축복의 나부낌에서 녹는다

온종일 노점 녹슨 젓갈 통속에 갇혀 타는 그녀의
가녀린 불꽃너울 앞에서
입 꽉 잠근 바지락부터 모시조개 키조개까지 깐
껍질의 무덤이 몇 포대자루
그 무덤 속에 어머니 손발의 얼음구술이 묻혀있다
촛농의 뜨거운 눈물구술도 묻혀있다
그녀의 한 잎 따스한 눈물 꽃에 의지하는 어머니도
한 자루 촛불이다 아니 성화(聖化)이다
몽당 촛자루같이 짜부라진 어머니

그 몸에서 낳은 몇 알의 열매를 거두기 위해
자신의 깊은 속심지 돋우며 태우는 횃불이다

나무의 사랑법

산봉우리를 보면 나는 숨이 차도록 배가 불러온다
밤마다 안개 속에서 하늘이 산의 우듬지
빈 밥그릇마다 불룩불룩 고봉밥을 담아놓았기 때문이다
산, 그도 자신이 키우는 크고 작은
나무들 밥그릇에 나누어 파릇파릇 고봉밥을 담아준다
고봉밥은 혼자만이 먹는 밥이 아니라
나무는 하늘이 보여준 내리사랑 법으로 산, 어미가 미처
챙겨주지 못한 산머루 산딸기 칡넝쿨 등과 나누어 먹는다
때로는 자신을 올무처럼 친친 감아 오르는
겨우살이와도 한 밥상에서 사이좋게 식사를 한다
인심 좋은 산과 하늘 사이서 온갖 산새들,
품바처럼 노래 불러주고 맛난 먹이 받는다
하늘의 밥 심으로 사는 나무들의 숙성된 숨결은 천연보약,
이 무형의 보약제에 중독된 자들
비탈진 바윗길을 비단길인양 오른다
사람들이 가끔 팔과 몸을 잘라가도 비명을 지르지 않는 나무는

서로가 사랑법이 다르기 때문이다
사람은 향기롭고 싱싱한 나무를 만나면 베어서 자신의
침대를 만들어 사랑을 나누고 싶은 욕구 때문이고
나무는 목숨을 통째로 주어도 아깝지 않는 사랑이기 때문,
그리하여 산의 나무는 매일 목숨을 걸고 사랑을 불러올린다
이들 사랑이 너무 깊으면 깊을수록
나무의 어미가 희멀건 민둥산이 되어 심히 앓는다

덕장 시래기

비취 빛 유니폼들이 마스게임을 하고 있다
몇 필의 녹색 천들이 펄럭이듯
찬 서리에 진땀 흘리며 최상품으로 거듭나려
갈댓잎 휘잡으며 불어오는
바람의 가락에 맞춰 맨손체조에 열중이다

행여 버릇없는 바람에 유니폼이 찢어질까
농부는 바람을 거두어 느슨히 박제시켜
바지랑대에 걸어준다
춘궁기 식량이 아닌 웰빙이란 신데렐라로 변신
열두 폭 자락으로 춤을 춘다
명품이 되라는 농부의 덕담을 하늘에 새기며

명태가 내장을 비우고 덕장에 걸리듯 그들도
백옥의 하체를 절단하여
야위어져 푸름을 버리고 체액을 밀어낸다
천수보살만큼이나 손가지가 많은
황금시래기로 태어나기에 서로 뼈마디 부딪치는 소리
가을날 풍경의 운율로 듣는다

머리 위로 철새들의 합창과 군무가 지나가고 나면

관객이었던 들국화도 시들어

녹색깃발로 카드섹션을 펼치던 마스게임은 막을 내린다

황금 시래기로 최상품이 된 그들

삼삼오오 묶음으로 신선의 날개를 타고 달린다

용마루 위의 만찬

갓 혼례를 치른 산비둘기의 수줍은 날갯짓이
산마루를 붉게 물들인다
슬며시 계곡에 잠겨 맑은 향내만 풍기던 저녁햇살
산마루 향해 그림자를 드리운다
산까치 한 마리 스치는 그림자 물고 나뭇가지에 앉아
산마루와 눈 맞춤을 놓치지 않는다
눈이 있고 날개가 있는 것들은 산마루가 지표이며
뚜껑 없는 지붕이다
둥지를 지으려 지붕에 올라야 유일한 안식처는
그 지붕 아래 처마이다

그 산 아래 찌들어 사는 이들 높이 오르기 위해
늘 잠자리 날개를 꿈꾼다
발목에 날개를 다는 것은 헬리콥터가 되기 위함이 아니다
창공과 이마를 맞닿은 산마루가 그들에겐 용마루이다
맑은 빛만 수집하는 용마루에는
평화만이 깃들기 때문 곡선이 구르는
용마루에 밤이면 별들의 만찬이 펼쳐질 것이다
그들은 늘 그 만찬의 주인공이고 싶다
용마루 아래 사는 이들 쏟아지는 별들의 소통을 받아

신비스런 꿈에 부푼다
밤이면 그들은 별들의 초대를 받아 곧 유체 이탈하여
용마루에 올라 별들의 여왕이 되곤 한다

세기의 기둥다리

바퀴달린 기둥다리들이 친 울타리가 촘촘하다
지하철 안을 매운 키 큰 울타리
눈앞에 덮쳐올 듯 쏠려도 꼿꼿이 감사해야 한다
이 시간에 앉은 것만도 행운이다
조용히 앉아 기둥들의 역할을 앞서 감상하는 것도
이 아침 내 두뇌와 첫 키스다
굵고 짧은 기둥 가늘고 긴 기둥들 사이사이에
겉피를 잘 다듬어 세워진
비단결같이 빛나는 기둥들의 조화가 매끄럽다
하이힐에 담겨 가냘파 보여도
세상의 창조를 낳아 키우는 삼신의 기둥들이다
이 모든 골격의 기둥들,
떠다니며 세운 것은 우주공간의 받침대이다
무거운 도시라는 교량이
내려앉지 않는 것도 이 위대한 기둥들 때문
수많은 기둥의
연골과 근육질이 수축과 이완을 거듭하여
안팎으로 지구를 받드는
가장 단단한 원석인 세기의 기둥 다리들이다

발의 반란

편애를 당하는 곳은 언제나 밑바닥이지요
250밀리 아담사이즈도 아니시면서
표준 20킬로 넘어선 체중의 과부하를 지탱하기에
부적절한 톤급이라는 것 아시죠? 주인님
바닥을 무시한 사회는 늘 분개의 목소리만 높지요
한 몸의 혈관으로 이어진
안면은 요모조모 무진장 투자를 아끼지 않으시면서
내게는 그 분노의 무게마저 더 가중되지요

요즘 손톱처럼 발톱에도 꽃 장식까진 좋으나
내가 힘 든다고 민원을 넣었을 때
시큰둥 발목 몇 번 주물어 달래고 발가락만
얼려주는 것으로 끝내더군요
내가 아니면 한 발짝도 걸을 수도 없으시면서
대기업이 중소기업 하청업자를 무시하여
일터의 불 화합은
한 몸을 차별 없이
다루지 못한 인식의 뿌리 때문이란 것처럼

계곡 연못에서

심장이 오그라들 듯 깊고 차갑다
잡념이 없는 고요한 맑음에 신음을 우려낸다
갈아 앉은 바위 나무들
맨몸을 보아도 무심하다
오직 갈대들만이 온몸 꼬이며 얼굴을 붉힌다
내 몸도 갈대와 같이 좌우 꼬여
무엇인가 잡을 듯 두 지느러미 밀고 당긴다
이렇게 저항하지 않으면
뜨지 못해 결코 깊은 수렁으로 가라앉는다

세상 위로 한번 반짝 뜨고 싶어 세운 바람은
비싼 허영의 무게부터 버려야 한다고,
가슴속 값싼 무게도 납작 엎드려 비워야 했다
몸짓을 멈추면 침몰하듯
물살 가르는 내 지느러미 두 손 쉬지 않아야
손톱부터 닳아 가벼워진다
그리하여 먼 바람의 꼬리를 잡을 수 있을까

선율같이 굽이치는 산봉우리 아래
검붉게 드러난 내 살빛이 숲과 아울러
옥수와 한 몸이 되듯

헤엄의 장르에도 모든 유형의 갈채가 있어야한다
배영 평영 접영 자유형 등이
한 몸이 돼야
아스발트 연못에서도 익사 당하지 않는다

호박잎

어머니의 손 된장에 여름밤의 별을 곁들여 싸먹던
고향집 초록 맛을 곱씹는다
옥상에 호박을 심어놓고 열매보다 열두 폭 치맛자락만
무성하길 줄기마다 마음을 휘감는다

지난날, 노을 녘이면 평상에 둘러앉아 작은 손바닥에
초록치마를 펼쳐놓으면
어머니 장날저녁이면 쌈장대신 간고등어 살점 일일이
발라 얹어주시며
자신은 비리고 간기 묻은 빈 손가락만 연신 빨며
간간이 밥술을 드셨다

호박잎쌈 먹을 때마다 어머니의 치맛자락 펄럭이는 소리
살결이 맞닿는 듯 귓전의 숨결로 들린다
어머니 천상에 계시면서 아직도 우릴 열두 폭으로 감싸고
계시는 것일까 언제나 폭 넓은
호박잎이었던 어머니 그 품은 고향의 언덕을 뒤덮은
호박꽃 핀 초록빛 삼단이불이시다

회복기

일생을 못 견뎌 마모된 내 모태의 무릎과
이별 식의 통증은 매일
무수한 밤하늘의 별을 진통제로 삼켜야 한다
회복의 약은 시간의 초침이다
지난날 시간은 뛰는 치타라고 생각해왔다
이젠 나무늘보 같아 겨울햇살도 지루하다

새 연인을 맞이하듯
인공무릎관절을 품는 건 수태로부터 기나긴
분만의 시간만큼 난산의 탄생이다
한때는 다디달기도 했던 젊은 시간, 그가
소태맛보다 쓰고 시침은 굼벵이걸음이다
그의 발에다 번개의 바퀴를 달아주고 싶다

감각이 예민한 새 연인을 맞아 삼백육십오일
뼛속 깊이 사귀어 첫돌이 오면 그때의 시간은
너무 달콤해 내게 백년의 삶은 너무 짧을 것 같다

맷돌의 화합

대소사를 충실이 기억하는 지킴이 감나무에
진주알같이 맺혔던 꽃송이들
너무 헤프게 웃다가 떨어진 안마당이 별밭이다
환한 별밭 끼고 앉은 우물가에
숙모님 한 쌍의 둥근 화강석을 씻기에 여념이 없다
불린 콩 이는 어머니의 소용돌이치는
조루질 물살에 눈치 빠른 까치들 소식을 지저귄다

감꽃 향 날리는 평상에 마주앉아 돌리는 두 동서 간의
손길이 화합의 풍차로 돌아간다
어머니 콩 한 술 떠먹이면 아래짝
숙모님 으스러지게 껴안고 불쿡불쿡 두 마음을 쏟는다
사그랑사그랑 맷돌 장단 안으로
하늘이 파랑파랑 웃는다 지구의 바퀴가 핑글핑글 돈다

맷돌의 호흡에 풍겨나는 콩 비린내에 들뜬 꿀꿀이도
짧은 꼬리 말아 올리며 배뱅이굿을 한다
긴 혓바닥 휘돌리며

입맛 다시는 외양간에서도 딸그랑! 딸그랑! 워낭이
화합의 반주를 넣는다
해거름 녘 가마솥에 두부콩물이 흰 구름처럼 끓어
오르면
울타리 너머 먼 이웃들까지

가방집

이중 삼중으로 잠긴 나는 요지부동인 가방
저물어야 가방 문이 열리고 나는 참았던 숨을 내쉰다
잇따라 창문이 열리면
거실에 걸린 산수화도 숨을 몰아쉬며 숲이 우거진다
탁자 위 화분들도
전등 아래서 제 이름을 깨닫고 잎사귀를 바로 새운다

가방 속 작은 뒷주머니에 든 노인은 아직 기척을 못 느낀다
벙어리장갑 같은 주머니에 갇혀
어두워야 세상이 납득이 되듯 방문이 열리고 노인의 후각에
시든 코털이 반겨 사람 내를 맡는다
굳은 사지에 언어의 문이 닫힌 노인, 청각은 실오라기 같아
모든 소리의 동의와 부정은 시각으로 주고받는다

가방 큰 안주머니 속 내외는 맞벌이에 바쁘다
작은 주머니 속 아이들은 공부에 게임에 더 바쁘다
낮에 봉사자 잠깐 목욕시켜주고 점심을 챙겨주고 간 뒤

저물기만을 기다리는 게 희망인 노인은
마주보는 액자 속 인물에게 깊은 속엣 말을 일러바친다
“영감 나 언제 데려갈 거요?
한집에 살아도 손자들 얼굴 본 지가 가물가물하우
아범 얼굴 못 본지도 몇 날 며칠이고요
살뜰히 조석끼니 챙겨주는 며늘아기만 날마다 이쁘요”
땅거미가 저야 내 붙박이 가방에 훈기가 돈다

사막의 화백

천상으로부터 사하라사막을 분양받은 모래바람
그는 쉴 틈이 없다 그의 식솔
사막의 동물들이 뭉개놓은 모래바닥 무늬를 자신의
전통터치로 원상 복구해야 한다
매일 밤 사막의 도마뱀 딱정벌레 전갈 지네들이
모래지붕을 뚫고 나왔을 때,
아비인 바람이 지어놓은 부성(父性)의 무늬여야 한다
그들은 아비의 체취가 묻은
모래도화지에 각자 발자취의 그림을 그려 아비에게
인사로 보여주는 것이다
인사를 건네는 것은 그들뿐만은 아니다
방울뱀 모래쥐 모래고양이 등
그들의 그림 인사는 바로 사냥을 나서는 의식이다

바람의 아내 물의 요정인 그녀는 밤마다
물의 암호를 풀어 이웃나라
호수와 강, 바다에서 피워낸 구름 빛 안개를 데려와
이슬을 지어 식솔들 목을 축여준다
스스로 이 사막을 완전한 자신들의 궁전이라고 여
긴 부부
달밤이면 고사목에 걸터앉아

지구의 맥박소리 하프의 연주처럼 들으며 자신이 그려놓은
붉은 곡선의 무늬를 흐뭇이 바라볼 때,
아내는 이슬로 빚은 차 한 잔을 그에게 건네며
“당신은 하늘이 내린 사막의 최고 화백이십니다”
달빛도 긍정을 하는 것일까 은빛 화살을 쏘아 내린다

분재 농원

견뎌보지 못한 의문들이 새싹처럼 돋는 곳,
쇠사슬의 코르셋으로 다듬어진 침엽수의 곡선미
찬사를 아끼지 않는 사람들 앞에
뽐내듯 내민 젖은 입술, 파릇파릇 아프게 웃는다
앙증스러움만이 극치인 소인국의 난쟁이들
조여 묶여도 윤기의 생을 머금을 수 있는 것은
거인들 호기의 사랑 때문일 것이다
어미 품에 안기듯 한 덩이 바위에 안긴 등나무같이
뭇 형상으로 연출된 생목(生木)의 인형들
한 줌 흙에 까치발 딛고 제 태생지, 어느 산야였는지
두리번거리는 눈빛 애잔하다
농원 온실에 갇혀 성장이 꺾인 애늙은이 쪼그라든
몸피,
차마 고달픔이라 말하지 못한다
주리를 틀리는 울음과 웃음 사이
누가 자신을 데려가 줄까 엿듣는 잎자루 쫑긋하다
곱게 휘어질수록 예풍(藝風)의 반열에 든다니
아기낙타 봉같이 눈물을 가두고 있는
굽은 오엽(五葉)의 소나무 한 그루, 내 품에 안아본다
가엾이 야린 그의 혓바늘이
고도의 장애인 몸짓인 양, 내 입술 바들바들 더듬는다

거인의 세상 장애인들 이처럼 사랑받을 수 있는지
묻는 내 혈관의 솔잎이 따끔따끔 대답을 찌른다

개척

마추픽추 같은 언덕에 농부가 된 그가 첫 계단을
쌓았을 때 그는 불혹의 첫 단추였다
강산이 한 바퀴 균형을 잡는 동안 마추픽추 고원에
그의 계단밭이 하늘의 꼬리를 문다
밭뙈기마다 그어진 오선지 악보에 가사를 심었다
불변의 농정은 석단 위에서도 싹을 틔워
우루밤바 같은 계곡물로 악보를 키워 푸르다

별들은 아버지의 곡괭이가 작곡한 오선지 작물들에
오색보석들을 달아주었다
층층의 석담 안에 자라는
루비구슬 황금구슬 비취구슬 흑진주구슬 등이
밤마다 동글동글 꿈을 부풀렸다
보석의 태아들은 날마다 하늘의 태교 강의를 들으며
각기 제 색깔을 익힌다

안데스산맥에서 불어오는 바람에 알찬 오곡이 되라고
한 계절 내내 들려준 팬플룻 연주에
팥 녹두 검은콩 노랑콩 꼬투리들이 만삭의 몸을 푼다
아버지의 가슴팍 광산에도 노다지 연등이 켜진다
무딘 손끝으로 세공한 구슬들

매년 마추픽추 유적지 같은 돌담창고가 가득하다

전봇대에 일기 쓰는 남자

그에게도 만만히 잡혀주는 것이 있었다
거리의 불빛이 흔들릴 때면
만만한 전봇대의 멱살을 잡는다
걸핏하면 잡히던 멱살, 철근더미에서
삭히지 못한 노여움 첫 페이지에 쓴다

짧은 가방 끈에 목이 조이듯 쫓기다 찾은 곳,
코요테 같은 작업반장의 눈빛에 밀려날까
몸무게보다 과한 등짐 나르는 그의 어깨 위에
멍 빛 밑그림이 그려진다
밤이 깊을수록 욱신욱신 그림일기 채색이 완성된다

거리의 일기장, 페이지와 페이지 사이를 넘는
보폭마다 따갑게 들리는 소리 야단스럽다
자갈모래판에서 두껍게 키워온 부실건물이 된
발뒤꿈치의 균열 삐끔삐끔 붉은 마른 입질이
따끈따끈한 물이 그립다고
연신 잔소리 많은 아내처럼 구시렁댄다

부르르 한기를 털어내며 포장마차를 벗어난 그는
일기장 우듬지 가로등 아래서

늦가을 그림자를 이고 몸 안과 밖이 온통 일기장인
그 노여움의 램프에 불이 꺼진다
그의 귀갓길 뒤를 남십자성별이 바짝 따라간다

난만한 간이역

그곳은 내겐 한 그루 해바라기였다
난만히 핀 철도변 꽃자리
지나는 찻간 속의 많은 여혼을 달랜다
아무도 웃어주지 않아도
천일홍 꽃대 분분히 불립문자로 서 있다

오가던 통학 길의 철로 페이지를 열면
쇠바퀴 쨍과리에 절인
끝없는 침목의 사다리 그 친근한 풍경은
내 과거사의 기록이다
붉은 머릿결로 다가오는 산야의 수목들
그 목질의 향, 후끈 찻간으로 스며든다

폐간이역에 머물지 못한 아쉬움
기적이 울던 때의 느린 속도만큼 인연들도
폐간이역처럼 문을 닫고 흩어졌을까
이곳 함께 드나들던 우정과 사랑은 경부선
선로 위의 아득한 떨림이었다
지나는 터널의 행간은 다급히 둑길 달리며
맘 조이던 그때의 명암으로 치받는다

호사스러운 관광열차도 아닌 가장 낮은 무궁화호
일반석에 앉아서도 지난날에 입석
승객들과 부딪쳤던 비둘기호 일등석이 이만했을까
습자지같이 스며드는 노을에
차창 밖 허수아비도 다홍빛 정겨움을 자아낸다
간이역 코스모스 한 아름 절정의 가을이다

角의 가족

아침 빛발이 서면 제각기 각을 세워 출발한다
평각(平角)을 세운 내 반달 앞에
변화의 오각(五角을 찾는 남편의 발걸음은 바쁘다

청초한 직각(直角)을 바라는 어미 앞에
아이들 기울임체 예각(銳角)을 즐기며 걷는다

시간을 연마해 원만한 각을 꿈꾸는 우리
다분한 힘의 균형을 맞잡아
모든 각의 지릿대 기둥뿌리를 원형으로 세운다
그래도 때론 흔들리는 각들
사방 꼭짓점을 찾아 줄줄이 각의 흐름을 따라
내 평각 안으로 오롯이 불러
호흡을 다듬어 발효의 새콤한 충전을 불어넣는다

효율적 애정의 배려를 익힌 중심에서
세파에 순응하는 기울기 두 편각(偏角)과
모든 각을 잇대어 펼쳐 보면 내일을 위한
원각(圓角)의 보석 귀걸이가
무한이 빛나는 내 안의 평온한 각의 가족

3부

발효(醱酵)

발효의 절정은 만인의 연인을 낳는다
즙을 삭혀 향을 배양한 과일주,
서로 아픈 위로의 기포, 화음으로 부풀 때
풍미의 애정은 뜨거워
항아리 속, 독까지 숙성의 평화로 익어간다

고르지 못한 삶의 음반을 타고 맴도는 어머니
한 두름 응어리진 가슴속
맺힌 발효의 기포 한숨의 입김으로 번져날 때
발효의 끝이 친화의 묘약이라
서로 맺힌 이들끼리 화해의 잔으로 돌아 어머니
때때로 시련의 혹이 많은 이들과 모꼬지를 열어
발효의 순환인 머루주를 나누며
자작 농산물 장독대의 미각을 한 아름씩 퍼주셨다

고집스럽게 옛 터전 지키고 계시는 어머니, 나는
때때로 발효의 협주곡을 찾아
온몸이 발효의 신이신 어머니 된장 고추장 젓갈
모과 살구 포도주를 공수해온다
생과일 같은 사람보다 발효의 시련을 거친 이들을
나는 몇 사람이나 갖고 있을까

어머니의 비술(祕術)이 내게 탁본되지 못한 나는
순도 몇 도의 발효주 연인이 될 수 있을지

넝쿨호박

살금살금 덤불을 헤쳐 호박밭 기지국으로
한 남자가 오른다
둥근 접시 안테나로 뒤덮인 언덕에 잡초로 위장한
초소마다 녹색모자만 보일 듯 말 듯 숨어있던 호박
군들,
바짝 긴장한 넝쿨손에 촉수를 세워
호박벌들에게 본기지국에 침입자 들었다! 외친다
호박꽃 스피크 안,
꿀벌들 윙윙 타전을 수차례 쳐봐도 소용이 없었다

주말마다 이곳에 탈취범이 온다는 초긴장 속에
하늘의 햇볕과 더불어 황금덩이로
익혀놓은 본기지국 대원들 몇 명씩 뚝뚝 탈취해가고
비와 바람이 살갑게 키워놓은
애호박 군들도 수십 명씩 데려가고, 야들야들한
접시안테나까지 몇 다발씩 따갈 때,
기어이 그들은 가두어둔 뱃속의 눈물을 보인다

주말농장 임자라고 해서 그들을 몽땅 따가는 저 남자
누렁덩이와 윤기 반질반질한 그 많은
초록을 데려다 어디에 쓰나 궁금증이 많은 산비둘

기인 나는

오늘 남자의 뒤를 따라 가보기로 한다

한 임대아파트 앞마당에서 자동차 트렁크를 열어놓은 남자

짤랑짤랑 종을 친다 종소리에 듬성듬성한 치아를

활짝 드러낸 노인네들, 절룩절룩 모여들어 봉지 하나씩 들고

무료급식소에 줄을 서듯이 늘어선다

비닐봉지 안으로 들고나는 남자의 인심어린 손길이 바쁘다

제주조랑말

까맣게 튀긴 바닷가 반석 위의 여름이
고스란히 내 등골에 앉는다
한 컷을 찍을 때마다 포즈를 취하는 내 등허리에
포개지는 또 다른 육중한 살점의 뜨거움에
나는 움찔움찔 진저리를 친다
햇빛가리 하나 없이 온종일 서 있는 시간이
구름이 잠든 수평선 길이만큼이나 아득하다
출렁이는 파도의 분수를 맞으며
바닷물에 발을 붙박이로 담그고 있는 용두암이
여름 내내 시원한 그가 부럽다
간혹 어린아이의 조갑이 손이 치렁치렁한 내 갈기를
빗어줄 때만은 바짝 단 내
엉덩짝의 붉은 꼬리 찰박찰박 바람의 물결이 인다
같은 347호 천연기념물로 태어나
누구는 넓은 초원의 바람을 싱싱 가르며 달리고,
나는 돌 마당에 묶여 모델이란 업으로
등짝이 눌리도록 뭇사람들을 계속 업어주어야 한다
오늘 내가 업어준 사람은 몇이나 될까
쓸개 없는 내 늑골 열여덟 쌍보다 훨씬 많다
하지만 천연기념물이란 긍정으로
기꺼이 만남과 이별의 삶을 현무암 무대에서
숨쉬는 조각상으로 사시사절 그 자리에 서 있다

싱크홀

땅속의 대왕 지신(地神)이 매우 노한 것이다
예고 없이 뻥 뚫린 곳
무엇을 말하려고 그 깊은 입을 벌렸을까
지상의 덮개가 너무 무거워
지하의 천정에 의성어를 날려 체머리 치며 해머와
삽질을 했던 것이다
땅속의 지층에 오수의 눈물이 둥근 지하수로 고여
순간의 물체를 빨아들이는 블랙홀
하늘은 모른 체 시선을 돌리고 구름은 자리를 옮겨
간다

지신도 뿔이 나면 지상을 들이박을 수도 있다는 것
이젠 지하세계의 감정도 다스릴 때
지상의 유독성 부산물을 받아들이는 것도 그 세계엔
한계가 온 것이다
막무가내로 이 모순의 진행이 싱크홀로 오고 있다
악순환을 낳는 지상 풍요의 건설이
그곳을 숨 막히게 하는 것, 서로 간에 해체할 수 없는
무언의 대사가 아닌
지하는 지상과 소통의 협약을 기다린다
땅속은 우리의 천당 미지의 자연이다

무화과(無花果)

맏며느리 손바닥 같은 무화과 나뭇잎 흔들릴 때면
이모의 젖가슴엔 콩깍지만 날린다
온 동네 엄마들의 젖꼭지 다 모인 듯 젖동냥도 충분한
꿀물이 뚝뚝 맺힌 무화과
자수정 빛으로 무르익어가는 유두를 부끄럼 없이
내어놓는 만삭의 계절이 와도
이모의 유두는 검붉게 익지 못했다

벌 나비의 입맞춤 한번 받지 못한 성녀(聖女) 무화과처럼
속 꽃을 피우지 못한 탓일까?
철철이 핀 겉 꽃에 치일 듯 화려했던 이모, 석녀(石女)라는
병명으로 해마다 구월이 와도
수확의 중년을 실감하지 못한다

가을바람에 무화과 나뭇잎들 손바닥 부딪치는 소리,
자손 번성한 가문의 박수소리같이 들리던 날
이모, 드디어 매운 고추 열매처럼 붉은 각오를 굳혔다
두 생명의 모천(母川)이 되기로,

어린 두 조카 입양하는 날 할머니 무화과 잼을 졸인다

여름비

게으름 피우던 하늘이 모처럼 부슬부슬 독서를 한다
톨스토이의 부활을 읽는 것인지
흠뻑 해갈된 나뭇잎들 속눈썹에 걸린 물방울
비운의 카추샤 첫사랑의 눈물인 듯 애처롭다

하늘나라 구름의 서가엔 사자(死者)의 도서들뿐인가
고전(古典)에 해박한
숲의 이파리들 어느 대목의 흐느낌 같은 낭송에
바르르 신들린 몸짓으로 듣는다

전쟁과 평화의 스토리로 바뀐 것일까 거세진 낭독소리
따당따당 총성 울리나 싶다가
우르릉 천지가 부서질 듯 이슥고 터지는 대포의 화염
어두운 하늘에 불꽃이 선을 긋는다
간 큰 나무들 한 단어 놓칠세라 꼿꼿이 서서 듣는다

서서히 잦아드는 포성에 이어지는 승리의 나팔소리
나뭇잎들 환호의 박수를 친다
큰 나무아래 바들바들 떨던 작은 풀잎들 안도의 한숨 끝에

이제는 조용한 시를 읊어달라고 보챈다

찰박찰박 책장 넘기던 하늘 가랑가랑 시 한 편을 내린다

"우리 아기는 아래 발치에서 코올코올

고양이는 가마 목에서 가릉가릉

아기바람이 나뭇가지에서 소올소올"

윤동주 시 「봄」 한 편에 여린 풀잎들 새근새근 잠이 든다

풍한(風寒)

자정 넘은 아랫목에서 바람을 몰아내고 계신다
뼈 없는 불청객 그는 밤마다
냉한 어머니의 밤잠을 데리고 새벽녘까지
고드름 송곳놀음으로
뼈마디 들쑤셔 소리 없는 냉풍기를 돌려댄다
잠시 찜질의 열기에,
물러서나 싶으면 다시 파고드는 그들의 근성
출산에 몸조리 소홀한 가난의
틈 사이 비집고 침입한 마녀의 치맛바람들은
척추의 뼛골 사이 골골이 헤집어
통증의 씨앗을 뿌린다
한여름에도 뜨끈한 군불이 약이신 어머니,
태양같이 뜨거웠던 체온을 빼앗은 건
오남매일 것이다 그들은
점점 영역을 넓혀 어머니 무릎관절까지 공략한다
끝내 바람막이가 되지 못한 불효들
이제 바람 든 무 같은 척추의 뼈대 떼어 그들을
떠나보내고 인공척추의 시술을 권해드려도
어머니 선뜻 대답을 미루신다
밤새 그들의 날개가 일으킨 삭풍,
쉼 없이 어머니 척추의 비탈에서 풍차를 돌려댄다

강의 모정

끝없이 길어도 강, 그녀가 지루하지 않은 것은
빠른 시간을 담고 흐르기 때문만은 아니다
바람이 그녀의 몸을 파랗게 흔들어서도 아니다
어머니 품 같은 포용력이 있기 때문,

그녀 앞에서는 모든 게 다 칭얼대는 철부지들이다
그녀에게 아침부터 안아달라고 어리광부리는
솜털구름은 내 어린 한때를 흉내 내고 있다
제 무게를 알지 못하는 언덕 위 미련한 곰 바위
늘 업어달라고 어른대는 것은
철이 덜 들었던 오빠의 흉내이다
강둑에 달맞이꽃들 함께 놀아달라고 떼를 쓰는 것은
내 연년생 동생들의 귀여운 흉내를 내고 있는 것

이 말썽의 배경을 다 품은 그녀의 거울이 길수록
아득하지 않은 것은 그녀가 대지의 어미이기 때문,
어미의 젖내를 맡고 자란 것들 일생 보채는 것은
그녀의 모정이 양수(羊水) 같은 품이기 때문이다

수평선

출렁이는 저 파도 밭의 지주(地主)는 해거름에
붉게 취하는 수평선이다
한 척의 배를 가진 소작(小作)인들, 지주의 눈치를
시시때때로 살피느라
온몸의 촉수를 말미잘처럼 곤두세운다 대지주인
그가 심한 주독에 속이 울렁거릴 때면
거친 물살에 배를 띄울 수가 없다

풍랑을 예보하는 그의 헛구역질이 거듭되는 날
소작인들 팔뚝에 꼬인 정맥의 힘으로
돌기둥에 조이는 밧줄은 어민들의 질긴 밥줄이다
먹구름 뒤에 숨은 그가 토악질을 쏟는 날은
바다 속의 내장까지 비틀려 끓어오르는 해일(海溢)에
하늘에선 우레와 펑펑 눈물까지 쏟아 내린다
빈 어선에 고인 짠 눈물처럼 밀린 소작료
미역줄기처럼 연체료가 소리 없이 뻗어 자란다

하늘을 머금은 그의 일직선 얼굴이 해맑은 날은
만선(滿船)의 징조로 어망에 지느러미가 돋는다
한 대접의 입을 가진 아귀가 몰려오고
꽃 단추의 눈을 가진 가자미 홍어도 올라온다

분홍빛 문어 긴 다리를 무희처럼 꼬이며
유혹한 우럭과 도미, 삼치도 함께 데리고 올라온다
휘일 줄도, 끊어질 줄도 모르는 저 질긴
수평선 밧줄에 목을 매는 소작인들의 비린 마을
다닥다닥 조가비 지붕 아래 꿈은 은빛 비늘로 익는다

꿈의 섬

밤이면 한 마리 망명의 새처럼 소금 꽃의 간기 따라
수장(水葬)된 당신이 머물고 있는
지구본에도 없는 한 점의 섬, 그곳으로 날아오릅니다
무명의 열도를 파도의 나침반을 따라 가기에는
오늘은 바람의 버릇이 너무 고약합니다 이 버릇을 잠재울
묘약은 하늘이 내 간절함을 들어주셔야 합니다
귀먹은 하늘은 한참을 갸웃거리다 겨우 바람을 거두어
구름의 바지랑대에 박제한 바람을 묶어줍니다
익숙해진 바닷길을 날아 당신 발치에 날개를 내립니다

며칠 사이 나뭇가지마다 나그네새들이 이 밀애의 섬에
조롱조롱 꽃 종지 둥지를 매달아 놓았군요
이 향기로운 섬은 철새들에게도 거룩한 러브호텔이군요
마라톤 하듯 달려온 내 사랑의 의식을 축복하듯
철새들이 즉흥적 콘서트를 여는 악장,
교미의 환상곡 지휘봉 깃털이 휘날릴 때면 우리는

더욱
뜨거운 가슴으로 밀착하였지요
돌고래같이 부드러운 당신의 입술에 나는 매번 자지러집니다
시샘 많은 바다, 푸름을 열어 우르릉거려도
먼동이 오기 전, 이 열도의 섬은 온전히 나의 것입니다

와불

마른나무 잔뿌리같이 얽힌 당신 생의 덤불이
이곳에 다 모여 있습니다
덤불속에 박힌 돌막 같은 발뒤꿈치 수십 년 일군
비탈 밭뙈기 그려진 토지대장도 여기에 있습니다
몇 층의 계단밭 언고자 등이 빠지게 져낸
돌덩이 자갈이 몇 바지게였을까요
양 어깨 납작 돌이 박히도록 지게작대기 앞에
끙! 끙! 꿇은 무릎도 모난 돌덩이로 굳었습니다
밤톨만한 돌막 하나 남김없이
추려낸 흙, 떡고물같이 부드러워져 옥토인데
당신은 와불처럼 누워만 계시는지요

의식이 몽롱한 와불 일으켜 의자에 앉힙니다
일생 지게발로 걸어오신 발바닥
밤늦도록 첩첩이 쌓인 가난의 피하 층을 물에 불려
수천 리 감긴 비탈길의 더께를 벗겨냅니다
자갈밭 도면같이 도드라진 속 피질이 드러난 자리에
한 점 남은 혈이 돌아 분홍빛입니다
통통 불은 발톱까지 깎여 뉘어드리니 아버지 잠깐
의식이 돌아온 듯 살며시
미소 지으시며 내 손을 힘없이 잡으십니다

한영사전(韓英辭典)

밀려난 뒷방 늙은이같이 구석자리 지키고 있다
책꽂이 위 몸집 두툼한 한 권
모서리 오글오글 닳아 농부의 손톱을 닮아가는
그에게 내가 준 것은 구린 침뿐인데
그로부터 내가 받은 빛나는 단어의 구슬들은
하늘의 별에도 감히 견줄 수가 없을 것이다
수많은 별을 품은 성좌, 그는
컴퓨터라는 문명의 시류에 떠밀려 독거노인처럼
웅크리고 있다 그러나
나는 어쩌다 명예퇴직당한 중늙은이 일당지기
일자리를 얻는 날처럼 간혹
그를 필히 찾는 날이 있다
그는 익숙한 내 손 냄새에 금방 둔한 몸을 열어
찾는 별자리 하나, 반짝 보여준다
그를 경배할 날 줄어들어도 함부로 밀어낼 수 없는 것은
그가 뿌리 깊은 지식의 고목이기 때문
나를 이만큼 빛나게 해주었던 고목의 그늘을 나는
아직 벗어날 수는 없다
시대에 밀려난 낡은 시인은 성좌에 앉은 먼지를 털며
스승을 모시듯 그와 함께 주름져간다

수몰댐

마을 하나 통째로 삼킨 수면에서 그들 숨결이 들린다
백년 묵은 윗방 고래 아랫방 왕고래
이웃들과 함께 잠수, 물밑 호반의 도시 이루고 사니
외롭지 않다는 듯 살랑대는 물비늘들,

수많은 산의 나무를 사른 구들장 밑, 불바다에서
헤엄치던 고래들 이제야
물고기 밥 먹는 용궁에 아직 굴뚝 냄새가 맵다

마주 앉아 먹이는 아궁이 불 밥 너그럽게 삼키는 날마다
고래등짝은 노근노근한 삭신의 물리 치료사였었지

물 밖의 실향민 하얗게 냉이꽃핀 둑에서 내려다보는
옛 주인의 눈길에 꼬리 한번 쳐주지 않는 고약한 고래들
눈에 익었던 앞산의 물그림자 속,
고추 따는 아낙, 키질하는 어머니의 실루엣만이 일렁인다

고향의 고래구들장은 늘 식지 않는 따뜻한 밥상이

었다

굳은 찬밥 같은 콘크리트 도시서 고래등짝 찾아

황토찜질방 옥돌찜질방 다닐수록 어머니

돌고래구들방 간절해 가슴이 저수지가 된 수몰민의

향수

초록빛 신궁(神宮)

잠결 수화기 속, 거친 신호음 같은 이명이
쟁그라운 진동으로 인다
내이도를 돌아친 손가락 끝에 줄줄이 회양목
잎사귀 같은 귀들 딸려 나온다
한 떼거리 귀들 쏟아지다

낯익은 칼귀서 할머니의 기다림이 팔랑인다
귓밥 도톰한 할아버지의 엄숙한
헛기침 속에 내 이름 부르는 듯 팔랑이며
달빛 줄기를 따라 새떼들처럼 날아간다
홀리듯 따라가다 급선회한 달팽이관 같은
미로 속 봉긋한 초록빛 신궁이 나온다

칡넝쿨 관복을 친친 두른 할아버지,
이제야 비로소 왔니 손녀야
나리꽃 왕관을 쓴 할머니 풀잎 같은 입술로
귀여운 것아 많이 늦었구나
네 어미 아비는 맨 끝 방에서 기다리고 있단다

관모에 찬란한 장끼를 앉힌 아버지
까투리 깃털의 왕관을 쓴 어머니

늦은 책망이 돋은 이구동성
가족 납골묘지 세운지 3년인데 이제야 오다니!
발길 없는 싸늘한 혼궁(魂宮)에
극락조의 노래가 호곡같이 이어지는 꿈속의 긴 이명

비밀의 늪

적막하게 내린 진흙 속, 뿌리들 그 위로
떠오른 탁발의 얼굴에
부푼 햇살의 언어들이 몇 페이지 쌓인다
누구의 심부름꾼인지
꽃잠자리 한 마리 날아와 페이지를 들춘다
읽은 낱장 바람이 물어가고
잠자리 날며 귓속말로 누설을 당부한다

천상과 늪 사이 비밀 통로 별체의 늪에 피었다
백연 홍련의 보살꽃등들이 그
행렬이 황새목을 세워 묻혀드는 미세 티끌까지
스스로 삼켜 호흡의 입샘으로
맑음 토해 늪의 오장을 씻긴다
세속에 찌든 중생의 진흙 밭에도 그녀의 고결함
곳곳에 세척의 등불로 켜진다

만물의 생명 심금 어루만져
탈발의 손바닥 잎들과 겹겹이 핀 꽃 입술,
향기로운 새까만 씨눈동자,
마디마디 긴 발 뿌리까지 아낌없이 보시하는
내 어머니 같은 자비의 연꽃,

새벽을 깨우는 범종소리만큼 큰 울림으로
실천하는 관세음보살의 꽃이여!
이 비밀의 늪은 천상의 대궐이다

민무늬 손바닥

골똘히 하루하루의 여백을 짓는 것은
꼬인 새끼줄 한 뭉치 꼬고 푸는 일이다
보이지 않는 눈 뒤에
꼬깃꼬깃 숨은 그를 찾아 푸는 일
오래전 부업으로 밤낮없이 새끼줄 꼬던
아버지의 손 비빔은 어머니
정화수 떠놓고 비비는 모습에 비할까

수 타래 수 바퀴 돌아치도록 꼬는 마른풀잎
잔가지 풍성한 손금을
누구에게 다 지워 주었을까 민무늬 참사랑
일생 지푸라기 타래 읽으며
사신 아버지 자식들의 양식은 짚 풀이었다
민무늬 손바닥 아래
고단한 혈관, 봇도랑에 아버지의 하얀 문신
지워진 생명선 때문일까
명줄은 칠순으로 꼬이다 등 뒤에 숨은 몸의
비밀문서 종합박물관이 되어 떠났다

빈 사랑방 건불 속에서
사각사각 손 비빔이 돋아났다 그 소리에

내 불효의 몸에도
아버지 내음 짙은 지푸라기 감겨든다
오랜 꼬임 뒤에는
골똘히 풀어야하는 내 삶이 이어진다

21세기 품바

- 얼 시구시구 품바가 돌아간다 엿장수 품바가 돌아간다
작년에 왔던 구제역(口蹄疫)이 죽지도 않고 또 왔네
누가 기다린다고 또 왔나 이놈아! 말해봐라! 말해봐라!
올봄엔 칠봉이네 말 잘 듣는 누렁이 소 몰아 다랑이 밭 갈아
팥 콩 참깨 심어 제 엄니 칠순잔치 차리려고 했는데
네놈이 잡아먹은 누렁이 내놓아라! 내놓아라! 이 죽일 놈아!

- 얼 시구시구 봄비가 내린다 잘도 내린다 겨우내 죄 없이
산송장으로 묻힌 수천 마리 소들의 서린 한이 치솟은 워낭소리
혼령의 봄비가 내린다 칠봉이 눈물 씻기며 봄비가 내린다
누렁이 없어도 다랑이 밭 갈아야 한다 무엇으로 갈아야 하나
삽으로 갈아야 하나 쇠스랑으로 헤집어야 하나 괭이로 엎어야 하나
일어나라 일어나라 머리 싸맨 칠봉아 어서 일어나

라! 벌떡 일어나라

- 수십 년 할배 할매 허리 굽도록 자갈밭 옥토로 일군 밭뙈기
묵정밭 만들 것이냐? 칠봉아 칠봉아 정신 차려라 얼른 기운 차려라
비나이다 비나이다 칠봉이 일으켜 주십사 비나이다 품바가 비나이다
가네가네 바지게에 삽 괭이 지고 칠봉이 다랑이밭으로 올라가네
지화자 좋구나 품바가 좋구나 여름이면 깨꽃이 피고 가을이면
다닥다닥 콩꼬투리 열리고 다랑다랑 갓난쟁이 고추가 달린다
품바가 비나이다 올해에 대풍년을 비나이다 품바가 비나이다

- 얼 시구시구 품바가 들어간다 절 시구시구 품바가 잘도 들어간다
칠봉이 엄니 칠순잔치 차리는 날 황감히 이 몸 불러 주십사 장타령
한 수 푸짐히 올리겠나이다 비나이다 만수무강을 품바가 비나이다
나날이 품바가 비나이다 지화자 좋구나 품바가 두루두루 비나이다

징검돌이 된 돌매

노인정 앞마당에 한 줄 행간의 징검돌이 된 돌매[1]들
그 가슴에 봄볕을 담아 모은다
사월의 햇볕을 딛는 노인들 발걸음이 기우뚱 기우뚱
그들 지난 삶의 눈금이 보인다
입 하나만 갖고 태어난 돌매의 암쇠가 어떻게 아느냐고
나는 묻지 않는다
마마자국 진 얼굴에도 보이지 않는 눈 코 귀가 있다
돌비늘의 숨구멍은 기억이고 흐느낌이다

낟알 씹던 행위 멈춘 지 오래
어처구니 닳도록 알곡만 갈다 예고 없이 유기당해
디딤돌로 묶인 중력은 잔디에 갇히고
땅 질척한 날 쇠한 노인들의 발걸음 받드는 충정에
굶주림 따윈 잊은 채 입술은 마침표로 퇴화해간다
노인정 유리창 진저리치도록 걸진 목소리의 안노인들
돌매질 쑥 냉이캐던 어렵사리 민담은
창밖 앵두나무가 받아먹고 조잘조잘 새싹을 틔운다

이젠 믹서기에 밀려 할 일이 없어진 돌매들

---

1) 돌매 : 맷돌

새들이 하늘에 음표를 심는 볕 좋은 날
원적외선 징검돌 건너는 야윈 발목들을 데우는
목적이 주어진 돌매도 자부심을 하늘에 심는다
밟아도 밟아도 닳지 않는 약돌, 보석돌이 되자고,

나를 풀어낸다

거북의 입에서 괄괄 쏟아진다
진한 쑥물에 잠긴 헤비급 여인네들 몸의 그림자
보이지 않아도 뼛속을 더듬는
쑥 향에 찌든 생의 독이 풀어지고 있다

옆, 이벤트 탕엔 불혹 이하의 누드가 가득하다
오늘 이벤트는 거북의 입에서 38도의
허브 향을 푼 비췻빛 약수가 조명탄처럼 쏟아진다
이젠 나체촌에서까지 세대별로 갈라진다
나는 은근슬쩍 이벤트 탕에 들어가 본다
연둣빛 거울이 내 늘어진 살가죽을 살뜰히 비춘다

쑥탕이 제격인 내 몸은 가시무늬 수술자국을
푹 우려 통증의 잔해를 풀어낸다
허락 없이 쌓인 스트레스의 석회질도 녹여본다
막무가내로 부풀은 지방구슬도
속속들이 꼬인 옹졸한 혈관의 길을 풀어보아도
끝내 풀어지지 않는 게 있다
육신을 노화로 이끈 고집의 비밀은 풀 수가 없다

4부

방석

당신 무릎의 온도는 늘 5월의 햇살이었습니다
둥기둥기 재롱 피우던
신축성 좋은 그 햇살 무릎방석에 앉으면
온기의 전파 전신에 퍼져
구름의 조각배타고 하늘을 나는 듯 했습니다

나, 동생들까지 자장가 베개이기도 했던
당신의 천년보온 방석,
세상에서 가장 안락한 의자
때로는 아버지 밤마다 편히 기대시는 질긴
가죽방석 베개이기도 했겠지요

이젠 대물림하여 손자들까지
요람이었던 사랑의 방석, 봄기운 떨어지니,
나비 한 마리 날아오지 않습니다
일생 받쳐주어 마른 가오리같이 된 방석, 밤낮
뜸으로 봄의 정기를 불어넣어도
당신 무릎은 봄의 호흡을 받아 삼키지 못합니다

설날 세배올리고 앉아 덕담 듣는 자손들 무릎에서
5월의 아카시아 향기가 물씬 피어납니다

텃새

원정 출산이 끝나면 시민권을 받지 않고 본적지로
돌아가는 철새들과는 달리
출생지가 본적지인 텃새들은 항시 거주지의
물상(物象) 위를 맴돌며
일생 높이 날지 않는다 그들은 언제 나타날지 모를
솔개를 피하는 것이 텃새들의 삶,

호적초본도 뗄 겸 부모님도 뵈올 겸 고향을 찾던 게
이젠 앉은자리에서 떼는 문서들
인터넷 시대에 모두가 텃새의 주민이 되어간다
고향의 시김이와 나누지 못한
삶의 몫을 찾는 이들 끝없이 치솟는 마천루 속에 제
둥지 한층 끼우는 게 소망의 높이다

보이지 않는 경계 안, 공중과 땅 위의 반올림 사이에
텃새들의 알이 부화하듯
태어난 이들에 고향을 물어보면 출생지가 고향이다
고향을 잃어가는 시민들
언젠가 텃새도 철새도 사람도 아닌 뿌리 없는 돌연
변이
머지않아 지구촌을 채워갈지

자투리의 꿈

끄르는 순간부터 마법에 걸린 듯 해몽을 낳으신다

수십 년 깁던 한복집 문을 닫은 어머니
묵은 자투리, 꿈을 모으듯 쌓아둔 보따리 속,
세모 네모 장방형 등 온갖 형상의 천 조각들
색색의 빛을 이은 오랜 잉태의 첫 해산인
소박한 창가에 드리울 모자이크 휘장을 낳으신다
평온한 미소를 수놓은 아기 강보를 낳으신다

몇 마리 나비를 앉힌 아이들 조끼를 낳는 손끝 타고
성지보육원 샛별들이 쪼르르 품에 안겨오는 연상에
어머니의 볼우물이 자작자작 고인다
해바라기 꽃대 위로 새소리 띄운 솜 조끼 누비실 때
은혜양로원 노인들 웃음이 합죽합죽 바늘땀을 따라와
어머니의 어깨 위서 신바람을 탄다
비단수술을 다는 목도리 접는 눈앞에 홀로 노인들의
목이 감겨오면 눈웃음이 잔주름을 부른다
덧버선 앞볼에 꽃을 심어 샛별들의 발을 담아보시고
색색의 솜버선에 떨고 있는 가장 시린 발들 담아보
신다

더 작은 자투리들 꽃쌈지 색동 복주머니들을
줄줄이 낳아 마음의 용체를 조금씩 넣어보신다
삯바느질만 돌리시던 울타리에서 벗어난 어머니
신들린 여자처럼 밤낮 자투리 사랑만을 출산하신다
작은 것에 마냥 흡족한 미소를 피우시는
어머니 곁에 입혀줄 사랑이 가득가득 쌓여간다

손 나무

진통제 드시고 곤히 잠든 어머니의 손바닥
자글자글한 잔뿌리들 한 움큼이다
호미 낫자루에 못이 박인 흐릿한 운명선 중심으로
당신 생을 대변하듯 뻗은 뿌리의 길,
몇 갈래의 노선을 더듬어 가다 보면 누구나
한 번쯤 달리고 싶은 꿈의 길이 있다
한 번도 밝게 뜨지 못한 태양선이 있는가하면
움켜쥐고 싶었던 권력선 재운선을
가로지른 격자무늬가 가시덤불 밭이다
이 길 위에 당신의 5남매 내세우기 위해
수 천리 고추밭 콩밭이랑 길의 김을 매며
산통의 잔뿌리 움터 키워야 했을 것이다
어렵게 건너야 할 장해선도 버티고 있다
질긴 손금의 길을 에워싼 잔뿌리 감당해온 것은
열 손가락 마디마디에 맺힌 옹이 같은 자식들 때문
나무는 여백 없이 잔뿌리 많을수록 튼실하다고 했다
일생 손 나뭇가지 끝에 어머니
그 흔한 봉숭아 꽃물 한번 들일 여유조차 없었다
이 투박한 손 나무, 그 줄기를 이어온 것은
구십 노모의 손목까지 길을 튼 생명선이 아니라
어머니 두 손 나무의 골 깊은 잔뿌리들이다

손 뿌리의 잔 그림자가
어머니 얼굴에 손님처럼 앉아 누군가를 기다린다

자귀나무 꽃

가까이 갈수록
밤하늘 불꽃놀이 보듯 비단실 꽃잎이
부챗살처럼 활짝 웃고 있다
불꽃놀이 구경꾼들같이 모여든 뭇 곤충들
어떻게 알았을까
자귀꽃나무가 합환수(合歡樹)*라는 것을,
이 향기로운 화원, 자귀나무 꽃방에서
입술에 꿀을 찍고 날개에 향수를 바르고
눈 맞춤한 곤충들
비단 침상에서 사랑의 극치에 빠진다
햇볕은 그들에게 빛의 촉수를 높여
축복의 신방을 더욱 빛나게 밝혀준다
광섬유 심지에 불을 붙여 놓은 듯
반짝이는 자귀나무 꽃, 저들의 무분별한 정사에
꽃잎이 헝클어지지는 않을까
나는 이 나무의 향기에 지독히 중독된 자이다
합환주를 나눈 그대가 떠났기 때문만은 아니다
자귀나무 꽃잎을 가슴에 품은 날 밤엔,
전설의 속설처럼 꿈속에 그가
자귀꽃 연등을 타고 찾아주었던 기억 때문이다

* 합환수(合歡樹): 낮에 펼쳐졌던 양쪽 잎이 밤이면서로 맞붙어 잠들기 때문에 붙여진 말이다.

나무의 화신

죽은 나무에서 꽃이 피고 있다
숲에서 끊임없이 살해되어 모여든
상수리나무에서 갈색 화신(花神)을 본다
목신(木神)이 흘린
마디마디 맺힌 눈물자국의 그늘 꽃 표고버섯

어머니가 즐겨 드시던 나무의 두벌살이 꽃을
오래 드신 탓이었을까
어머니 손등에도 그늘 꽃이 피기 시작했다
텃밭에 콩 꽃이 피듯 얼굴에도 몸에도 피었다
버섯 꽃처럼 따낼 수도 솎아낼 수도 없는
노쇠한 몸 밭의 검은 꽃, 먼 길을 떠날 전조였다

두벌 살이 다한 나무가 화목(火木)이 되듯
끈끈한 조청처럼 고였던
어머니의 단물 다 빠져나간 빈 몸의 화목에
만발한 저승꽃을 사른 몸,
참나무 곁에 고이 수목장이 되신 어머니도
나무의 보식으로 두벌 살이 화신이 되었을까

봄날의 오케스트라

깊은 연둣빛 숲속에서 열리고 있다
하늘이 디자인한 싱그러운 무대에
금낭화는 축제의 꽃등 줄줄이 켜주고
햇살 급류를 타고 온 아지랑이
드라이아이스를 피워 올린다
연출자, 산비둘기의 출연 제의를 받은
방울새 콩새 소쩍새 등이
연주석 나뭇가지에 앉았을 때,
산까치들의 팡파르가 온 산야에 울린다
우정의 첫 출연자, 진달래무용수들의
훌라춤에 이어 버들강아지들,
무대를 걷는 첫걸음이 앙증맞다
소나무집에 앉은 딱따구리가 치는 목관악기
그 울림에 늦잠 자던 산벚나무,
급히 눈곱 떼고 출연 준비 서두른다
뭇 새들의 하모니로 숲이 달구어질 무렵
중창단 꾀꼬리들의 세레나데 합창할 때,
계곡물은 청아한 코러스를 잊지 않는다
황사의 심술에도 관객들은 숲으로 밀려든다

무궁화의 화법

7월의 청명한 한낮 소복단장한
국화(國花) 여인과 마주친 날, 내 눈이 부셨다
그 초연한 여인의 우듬지
면류관 꽃술에 머금은 다홍빛 미소가
조국의 승세를 온 만인에게
흠뻑! 뿜어내고 싶은 화법이었을 것이다
여름내 조근조근 피었다가
흰 꽃버선으로 발등을 덮는 것은 일편단심
심지 돋우는 확실한 화법을 잇는 것이다
이 나라 꽃 중에 꽃 무궁화여인이
피는 곳곳에 빛의 문이 날마다 열리고
사람마다 등 가슴에
날개를 돋우고 한 계절 쉼 없이 피고 지는
여인의 꽃잎은 이 나라의 등불
푸른 잎마저도 침묵의 화법으로 말하고 있다

바람 타는 춘곤증

창 앞에 앉아 봄맞이 인사 꾸벅 꾸벅이는 내게
"말해 봐요 어디로 가고 싶은지"
푸른 바람의 말이 라일락꽃처럼 향기로워 그만
"꽃동산으로!" 순간
나는 푸른 바람의 깃털에 안겨 높이 날아가고 있다

영취산 위, 다다를 즈음 진달래 꽃 내에 취한 듯
바람 그는 온몸이 뜨거워지며
끼니 걸러도 수면시간 지키는 것은 바람의 철칙이라고
나를 품은 채 고로쇠나무를 베고 잠이 든다
그는 부르르 비린 몽정을 쏟고 더 깊은 수면에 빠진다

그의 품속을 빠져나오지 못해 바동거리는 내게
옆 주몽나무 가지서 잠자다 깬 또 다른 붉은 바람이
화살을 쏘듯 휘파람을 불어 자신의 품으로
나를 빨아드려 함께 진달래 숲으로 훌쩍 날아 내린다

진달래꽃 따먹는 내 곁에서 붉은 바람은 얌전한데
그세 잠에서 깨어나 달려온 푸른 바람

그는 거칠게 내 손 휘어잡고 공중으로 날아오른다

뒤따라오던 붉은 바람 "그 손, 놓아라!"
푸른 바람 "내가 먼저 잡은 손이다!"
두 바람둥이 사이서 화들짝 깨어난 나는 봄 창가에서
우두둑 기지개 켜는 내입에서 꽃바람 솔솔 풀려나온다

주말 즐기기

버려진 몸들을 핥는 바람의 혀가 있다
땅으로 스미던 전파의 신음이 그 혀 앞에 손을 내밀면
그 손에서 산자의 바람 냄새가 난다
햇볕 부리에 쪼인 모니터의 동공이 휘둘러 번쩍인다
시선이 빛을 내는 것은 살아있음
아직 미래가 잔존한 노래방기, 컴퓨터, 티브이 등이
어느 하늘 쪽을 유심히 바라보는 것은
재활용의 바람개비가 그들을 이승에서 저승이 아닌
어느 하늘 아래로 데려다줄 것을 예감한 것이다

유쾌한 음률을 지르고 싶은 주말, 어느 집하장에서
나는 죽은 새끼를 핥는 원숭이가 된다
요모조모 핥던 한 기기를 품어 쪽방으로 데려온다
유기된 사유 캄캄한 그에게 몇 번이나
사랑한다! 사랑한다! 내관의 혈을 핥다 주었을까
싸늘했던 혈이 파르르 전율을 일으킨다
어쭙잖은 원숭이 고백을 이리 쉽게 받아줄 줄이야!
버려진 것들 모두 굶긴 사랑이 고파
잠시 숨이 정지된 것이다 뜨거워진 그의 가슴 속에
초록바다가 열린다 파도의 꽃이 출렁인다

이 풍경 속에 나와 음률을 함께할 이는 누구일까
이미 먼 파도의 너울을 타고 온 그녀가 두 팔 벌려
“외로울 땐 나를 재활용해보세요”

후주곡

진눈깨비 후줄근히 젖는 어지러운 그곳에 허물어진
절박함에 모두 혀를 깨문다
눈(眼이) 없는 콘크리트 벽에 굴삭기 곳날 부딪치는 굉음
주인 찾던 유기견도 놀라 달아나는 곳
사실과 현실을 만나는 그곳에서 모두가 격렬해진다
멈춰! 아무도 듣는 이는 없다
코끼리가 한낮을 거하게 식사한 자리, 주위엔 떠나지 못한
이웃들이 남아 기울어져 가고
차라리 집이 한 척의 돛배였으면 닻을 풀어 벼랑 밑이라도
정박할 수 있으련만
서로 의지해온 세간들, 태풍에 쓸려온 부유물같이
쓰레기 더미만 높아간다
뚫린 창틀은 하늘을 향해 갈 곳을 찾는 망원경이다
출발점이 없는 이들 금간 벽의
바람구멍에 쏘인 문짝들 뒤흔들려도 진눈깨비 맞는
비둘기들의 구구대는 소리
노래일까 울음일까
노래의 전주곡일까

울음의 후주곡일까
오도 가도 못하는 이들 앞에 눈물도 아닌 빗물도 아닌
진눈깨비에 철거민들의 눈자위만 짓무른다

태안 앞바다

바닷물에 담긴 내 발등을 타오르고 있다
검은 해삼 같은 물체,
미끄덩미끄덩 발목까지 물결 따라 오르내린다
계속 내 발 주위를 떠나지 않는
이 물체, 내게 무슨 할 말이라도 있는 것인가
아니, 이미 그는 내 발등에
어떤 타전(打電)의 문자를 찍고 있는 것일지도,
가만히 물결에 귀를 기울여본다

불꽃으로 태워야 할 자신의 젊은 에너지가
뜻하지 않는 유출 사고로
해안의 오염 범죄자로 몰려
타르의 구슬이 된 게 억울하다고 일렁일렁

원유(原油)인 그가 젊은 에너지인 것처럼
넘치는 일, 욕구 태우지 못해
타르처럼 검은 구슬이 되어 이곳 반도로 온
젊은 나와 무엇이 다를까
먼 데서부터 파란이 끄덕끄덕 고갯짓 한다
끌리는 듯 고갯짓 따라
하반신을 적시며 바닷물 속으로 들어가 본다

수심 밑바닥에 일렁이는 검은 그들
도심 지하도에 웅크린 노숙자처럼 모여 있다
오랜 실직인 나는
바다 밖에 가라앉은 검은 타르[2]의 구슬이다

2) 타르: 原油가 점액으로 굳은 검은 덩어리

무인등대

밤안개의 짙은 입김이 온몸을 더듬어 핥는다
돌고래 혀처럼 매끄러운 혀
야릇하게 가슴을 파고들어도 떨치지 못한다
그 촉촉한 마력은 바다의 지킴이인
내 몸 자락을 흠뻑 적셔버리는 그녀의 달콤한 혀,
순간 자지러진 나는 하마터면
쏘아야하는 15초의 섬광을 깜빡 잊을 뻔 했다

점점 포근히 휘감겨 드는 그녀
아무것도 준비하지 못한 나는 번번이 당한다
그녀를 떨쳐내려 해도 잡히지 않는다
느낌으로는 보이고 손으로는 잡을 수 없는 형체
이제 내 귀에 대고 속삭이기까지 한다
진주알 같은 목소리로
"오늘밤 저와 함께 하실래요?"
흠칫 놀란 붙박이인 내 몸의 뿌리까지 흔들린다
백사장의 모래알이
내게 다 올라붙은 듯 온몸에 소름이 돋는가 싶더니
금세 대장간 불꽃같이 달아오른다

이젠 나도 한번쯤 몸을 누여 이 못 말리는

안개의 여인과 백사장에 함께 누워 밤하늘의 신비를 한 꺼풀씩 벗기며 잠시 쉬고 싶다!

귀농 전경

손아귀 소금꽃으로 개간한 산간 밭뙈기
잔돌 속 난쟁이 과수들
내 뒤안길이 가물어 아직 열매 맺지 못했다
팔열지옥 같은 날, 독 오른
풀잎에 베인 손가락 봉하다 문득 발견한다
반달이 총총히 뜬 열 개의 연분홍 하늘을
이 작고 작은 하늘의 낮달들
과수밭에 도톰히 애교 살 오른 눈망울들에
다독 다독이는 지심(至心)
손톱하늘이 햇볕 반석에 올려 띄워준다

두 손의 반달 맞붙이면 뜨는 다섯 자매의 보름달
겨운 몸 달구어져 들쑤실 때,
흙내저린 이 만월(滿月) 정기에 노독의 아림은 풀어지리라
열 손가락 모아 비손하는 어머니 뜻을 알겠다
귀농의 환영 박수를 받은 것은 축하객들의
달빛조명을 축포(祝砲)같이 높이 띄워 주었던 것이다
나 또한 두 손 맞붙여 대대 연년이 풍작을 빌어본다
모질게 자갈밭 후벼 파도
꺼지지 않는 환한 낮달들

뭉툭 닳은 농부의 손끝 흙물이 풀물이 들어서도
뒤집어보면 손톱하늘의 일기는 오늘도 맑음이다
하얀 달빛들은 내 몸의 농기구,

자닝스러운 당신

시간을 많이 먹을수록 사람은 헐거워진다
헐거워질수록 가뭄 논에 물 빠지듯
이목구비의 모든 감각이 두뇌의 기억감각이
관절연골까지는 빠지는 이 모두를
묵묵히 삶의 방정식으로 받아들이시는 분

남은 애집의 전답 홀로 붙들고 계시는 분
슬레이트 지붕 못 구멍에서
비가 새듯 고구마 한 바구니 들어도 당신의
고샅이 후드득 빗방울지고
누렁호박 한 덩이 들어 올려도 주르륵 젖고
푸성귀 몇 단 안아도 젖어
젖는 것에 근심이 크게 부풀어 또 새고 젖어
고샅이 마를 날이 없으신 당신

고무 패킹이 닳아 가만있어도 수도꼭지 새듯
헐거워진 어머님, 이제
마음마저 추적추적 젖어들어 치매를 앓으신다
집안 모든 액막이셨든 맏며느리
정작 당신의 액막인 치매는 잡지 못하셨는지,
쉬이 농익어 곯은 열매가 되신

자닝스러운 어머님! 사대부의 종가 마지막
종부의 그늘이 서산을 기울고 있다

묘사장부(描寫帳簿)

숲가에서 그녀의 싱싱 갤러리를 상상해본다
이름 석 자 그리기 어려워도
사물의 스케치에는 능통한 그녀, 예순 후
모음자음을 흰 머리카락 숫자만큼 입력시켜도
한 단어 조합이 어려워

유일하게 아시는 숫자, 계산표
한 잎 한 잎 꽃잎으로 수를 놓듯 그려 놓으셨다

어릴 때부터 지독한 뇌질환을 앓아 배우지 못한
그녀는 나의 막내고모님, 고모님은
내 유년 때 가끔 부지깽이 붓으로
부엌바닥에 분꽃 봉숭아 맨드라미 채송화를 그리고
마당에서 나팔꽃 호박넝쿨을 그리는 것을 보았었다
고모님의 전생은 화가였을까 그
곡진한 스케치북 내 가슴속 화첩으로 복제되어 있다

대 폭설

휘어진 처마가 흰 도포자락을 펼치고 곧추선다
도포 소맷자락이 창문을 덮칠 듯
설풍에 낡은 서까래의 입김이 눈앞을 가릴 때
겨울의 이마가 싱싱한 우윳빛 아이를 낳는다
낭만의 유전자를 가진 녀석들
백설의 탄환을 무작위 방향에 사격을 가하고
이미 호흡 속에 기후의
습관이 든 까치들은 하늘의 테러 속을 힘차게 난다
지하 굼벵이들은 무어라고 수군댈까
아마도 솜이불이 너무 두꺼워져 덥다고 투덜댈 것이다
비닐하우스 꽃 농장의 프리지어 등, 뭇 꽃향기
땅속에 묶이고, 백설의 난동에 쓰러진 축사의 젖소들
악보 없는 트럼펫을 숨이 꺼질 듯 불어 댄다
온 누리를 한 장의 흰 모포를 덧씌워 묶어놓는 네 귀마다
올가미가 맺히는 폭설은 폭력이다
폭력은 안전의 날개가 될 수 없듯 올가미 풀릴 때까지
백설에 갇힌 철없는 연인들 군밤의 문자만 날린다

실종

나무의 골격에 물 오른 계절은 올해도 한숨에 절인
창문을 어김없이 두드립니다
울안에 목련 밤사이 어둠 속에서도 곱게 피었습니다
어딘가에서 어머니 당신도 그 비단실
머릿결 도톰히 부풀려 하얀 목련꽃으로 피어있겠지요
때때로 창문 민무늬 거울에
당신의 모습 그리는 내 눈가에 검버섯 같은 기다림의
어휘들이 난무합니다 투명창의 뒷면은
당신의 앙상한 곱은 손이 그림자놀이 하듯 비칩니다

돌아오지 않는 당신을 기다리는 목젖이 석질로 굳은
음성 자갈밭을 구릅니다
친근한 골목에서 기억을 온전히 잡히시고 사라진
어머니
시간은 근심을 모르는 채 빠릅니다
경대서랍에 애장하시던 어머니의 소장품인
은잠(銀簪) 옥잠에 새겨진 사군자들도
당신의 숨결이 고파 시들어 녹슬어 갑니다
온 가족들 전국보호소 요양원을 순례한지도 수십
차례
어머니를 향한 기다림은
우리에겐 생존의 끝자락까지 달리는 진행형입니다

작품 해설

관찰과 은유의 두 극 향한 시의 나침반

- 김순진(문학평론가 · 고려대 강사)

관찰과 은유의 두 극 향한 시의 나침반

김 순 진

지난여름, 평소 존경하며 알고 지내던 변삼학 시인으로부터 전화를 받았다. 우리 출판사에서 시집을 내고 싶다는 말씀이었다. 변삼학 시인을 만난 것은 대략 20여 년 전 시산맥 행사에서였다. 그때 그녀는 수줍으면서도 왠지 모를 당당함이 외모에 드리워져 있었다. 그녀는 내 근처의 자리에 앉아있었고 나는 그때 40대 초반의 젊은 나이로 개량한복 같은 복장을 한 그녀와 인사를 나누게 되었는데, 그날 이후 나는 문학행사장에서 몇 번 스치듯 만난 기억이 있을 뿐, 그녀를 따로 만난 적은 없다. 아무튼 첫 만남 이후 나는 돌아와 그녀의 작품을 검색해 읽고 그녀의 팬이 되었다.

그래서 당시 ≪스토리문학≫을 월간으로 발간하고 있던 나는 여러 번 청탁을 해서 그녀의 작품을 실었던 기억이 있다. 한 번은 동화를 보내주셨고, 두 번은 시를 보내주신 기억이 있다. 그때마다 그녀는 최고의 작품을 발표하려 애쓴 흔적이 역력했다. 그래서 나는 늘 변삼학 시인께 좋은 인상을 가지고 있던 차에 변삼학 시인께서 전화를 하신 것이다.

나는 그녀의 작품과 그녀의 외모에 대한 단단한 단아함에 대하여 갈증이 일었다. 그리고 그녀의 시집 원고를 받아들고 나는 "역시 변삼학 시인이다"라고 무릎을 쳤다. 그리고 나는 이 시집을 고민하지 않고 우리 출판사에서 몇 권 나오지 않은 기획시선으로 분류해 출판하기로 마음을 정했다. 고려대 평생교육원에서 시창작을 강의하고 있는 나는, 그간 늘 학생들에게 관찰과 은유를 강조하곤 했지만, 강의 때마다 여러 시인의 작품을 골라 소개하였을 뿐, 집중적으로 여러 편의 시를 소개하기가 쉽지 않았기 때문이다. 때문에 나는 이렇듯 한 시인의 완성도 높은 시집을 발간한다는 것이 그리 쉽지 않은 일이라, 우리 고려대 평생교육원 시창작과정의 부교재로 사용하고 싶은 욕심이 속으로부터 올라왔던 것이다. 그럼 그녀의 시 몇 편을 읽어보면서 변삼학 시인이 추구하는 관찰과 은유를 통한 시적 묘사 방법을 공부해보자.

앞으로 어부바한 내 가슴의 깊은 움은 곡진한
아기의 발코니, 꽃 포대기 두른
발코니에 담은 옹알이 송 싱그럽게 들리는 날,
한 아름 가슴과 여린 새가슴 맞닿아
서로의 고스란한 좌우 심방 아랫목이 따사롭다
아기의 살가운 앞발질이
태아의 집으로 되돌아온 듯 새로이 뭉클하다

젖내 훙건히 배어든 누비 캥거루주머니 속에서

무한히 마주 올려다 본
어미의 시선은 아기에겐 가장 미쁨의 풍경일까
꿀 빛 여린 입술
풍경 위로 방글방글 날아든 어미의 깊은 눈부처에
아기의 눈부처 초롱이 담긴다
큰 호수에 작은 쪽배 죄암죄암 노를 젓고 햇살은
곤지곤지 따라온다

발코니 요람에 한 뼘 시간의 날개 드리울 때,
흰 구름으로 빚은
아기의 엄지 입에 물리면, 어미는 뭇시선이 스치는
난장에서도 유유히
돌아치는 두 젖 방의 문 스스럼없이 열어준다
떠다니는 발코니에서
수유 중 젖꼭지는 내 입술이다
그 누구와의 입맞춤이
이르듯 단침의 샘물이 솟아나는 벅찬 달뜸일까

– 「아기의 발코니」 전문

발코니란 현대씩 본 건물바깥에 붙여 달아댄 작은 공간을 칭하는 말이다. 발코니란 개념은 워낙 광범위하며 다양하다. 온갖 화초들이 많은 넓은 정원 같은 곳을 말하는가 하면, 소박하게 바깥바람과 햇볕을 쏘이며 앉아 차를 마시는 아주 작은 휴식 공간을 말하기도 한다. 이 시를 읽으면 읽을수록 단맛이 느껴졌다. 그 맛은 아마도 모유의 맛이 아닐까 하는 생각이 든다. 보통 사람들은 '아기 방이 있는 창 밖에 발코니가 있나 보다'라고 생각할 수 있을 것 같다. 그런데 이 시를 주의 깊게 읽고 나서 나는 그 개념이 틀렸음을 알았다. 이 시에서 아기에게는 방이 두 개가 있다. 어머니의 젖 방이 그것인데 아기는 왼쪽 젖에서부터 오른쪽 젖으로 옮겨가며 젖을 먹을 때, 바람찬 시간의 발코니를 지나야 한다는 뜻이다. 아기는 엄마 품에서 식사를 해결하고 엄마 품에서 잠이 든다. 그래서 아기는 요람에 누워서 잠을 자는 시간을 제외한다면, 엄마의 가슴에서 아기는 엄마의 가슴골 사이에 얼굴을 묻고 잠자며 두 방을 옮겨 다니며 밥을 먹는다. 엄마의 젖방은 아늑한 호텔처럼 늘 적당한 온도로 데워져 있다. 그리고 그 호텔에서 제공되는 모유라는 식사역시 늘 같은 온도로 데워져 나온다. 그 아름다운 곡선의 방을 오가는 아기의 발코니는 방문을 조금 열어놓은 듯 신선한 공기가 유입되는 최선의 주거공간이다. 가슴과 가슴사이를 아기의 발코니라 은유하는 시적 혜안이 놀랍다.

> 활짝 미치고 싶은 오늘은 미행당하기 좋은 날, 속없이 떠나야 하는 세모의 길은 이정표에는 없다
> 무엇을 찾아 달리는지 내 머릿속 동그라미만이 알고 있다
> 위험을 지불해야 하는 길 위의 질주,
> 속도를 달래며 기상의 정체를 열어보면 하늘의 옷자락에 매달린 은유는 매우 우호적이다

흰 구름 본당을 넘어 천상으로 잇댄 수 킬로의 길이
아찔한 분화구속의 화석처럼 조밀하다

망초꽃다발로 다문다문 앉은 촌락 뒷산 봉우리를 업은
나들목 신호등 앞에 검은 화환의 타이어들이
보아라! 내게 교훈을 하듯 질서를 유지하고 있다
한때 길 밖의 지붕 아래서
중견자리 아슬아슬 유지했던 나는 꼬리도 없이 잘렸다
꼬리 없는 날개로 생명선 안에 버티고 선,
공사 중 팻말에 갓길을 돌아가야 하는 내 실체의 발언인
긴 프로필을 끌고 따라온 그림자는 고행의 미행자

뿌리 뽑힌 넝쿨처럼 늘어진 자아의 전망을 찾는 기로에
느린 인사말 건네는 냇물을 속속들이 검색한 창마다
신열을 앓는 태양은 온종일 누설한 비밀만 깊이 감춘다.
땅거미의 숨소리 번지는 제한속도에 멀미를 통행료로
물고
달리는 직진의 달빛에, 일몰의 사랑방에서
면동을 잉태 중인 출구가 세모의 실루엣으로 출렁인다

– 「출구」 전문

이 세상 모든 건물에는 입구와 출구가 있다. 비단 건물에만 입구와 출구가 있는 것은 아니다. 우리네 인생도 입구와 출구가 있으며 모든 일에는 입구와 출구가 있다. 입구는 사실 나도 모르게 들어가는 경우가 허다하다. 뒤늦게 들어온 입구에 자주 단점이 보이게 되면, 비상구를 통해 옆구리로 나가는 경우도 있다.

우리는 학교라는 입구를 통해 들어와 친구와 문명을 만난다. 그러나 모든 입구가 좋은 길만 안내하지는 않는다. 괴롭힘이나 왕따, 숙제나 시험을 치르기 위해 공부를 해야 하는 강박관념 같은 것을 동반한다. 그럴 때 우리의 마음은 동그라미였다가 네모가 되고 세모가 되며 때론 마름모나 원뿔 같이 모서리를 만들기도 한다. 그러나 입구라는 관문을 통해 들어온 모서리들은 스스로를 연단하여 소화력 좋은 사람으로 만들어준다. 그러한 과정을 견딘 후 출구로 나오게 되면 어떠한 세모나 네모, 마름모나 원뿔 같은 뾰족한 도형도 굴리고 굴려 원으로 만든다. 세상은 은유를 선호하지만 실은 직유로 표현된다. 직선의 질주가 우선한다. 목적지에 빨리 도착하고 싶어 고속도로를 만들도 터널을 뚫어 지유의 방식을 택하지만 직선은 또 다른 직선을 요구해서 세상이 전깃줄처럼 어수선해진다. 변삼학 시인이 택한 방식은 지혜로운 삶은 유턴과 피턴, 그리고 원형교차로 같은 은유의 방식이다. 그리하여 변삼학 시인은 은유의 방식으로 먼동을 잉태 중인 출구를 찾아간다.

> 갓 혼례를 치른 산비둘기의 수줍은 날갯짓이
> 산마루를 붉게 물들인다
> 슬며시 계곡에 잠겨 맑은 향내만 풍기던 저녁햇살
> 산마루 향해 그림자를 드리운다
> 산 까치 한 마리 스치는 그림자 물고 나뭇가지에 앉아
> 산마루와 눈 맞춤을 놓치지 않는다

눈이 있고 날개가 있는 것들은 산마루가 지표이며
뚜껑 없는 지붕이다
둥지를 지으려 지붕에 올라야 유일한 안식처는
그 지붕 아래 처마이다

그 산 아래 찌들어 사는 이들 높이 오르기 위해
늘 잠자리 날개를 꿈꾼다
발목에 날개를 다는 것은 헬리콥터가 되기 위함이 아니다
창공과 이마를 맞닿은 산마루가 그들에겐 용마루이다
맑은 빛만 수집하는 용마루에는
평화만이 깃들기 때문 곡선이 구르는
용마루에 밤이면 별들의 만찬이 펼쳐질 것이다
그들은 늘 그 만찬의 주인공이고 싶다
용마루 아래 사는 이들 쏟아지는 별들의 소통을 받아
신비스런 꿈에 부푼다
밤이면 그들은 별들의 초대를 받아 곧 유체 이탈하여
용마루에 올라 별들의 여왕이 되곤 한다

– 「용마루 위의 만찬」 전문

세상의 모든 새들은 지붕을 알지 못한다. 새들에게 지붕이란 오직 하늘뿐이다. 나뭇가지나 풀을 이용해 집을 짓지만 새들의 골재일 뿐, 새들은 지붕을 만들지 않는다. 새는 왜 지붕을 짓지 않고 둥지를 만들까? 상대방의 공격으로부터 빨리 피신하기 위한 것이란 해석은 지극히 자의적인 발상이다. 언젠가 공광규 시인이 『담장을 허물다』라는 시집을 출간했다. 그 시에

서 공광규 시인은 담장을 허무니 멀리 산봉우리 안에 있는 모든 것이 울안으로 들어왔다고 했다. 새들도 그렇다. 지붕을 만들지 않음으로써 모든 세상이 새들의 세상이 된다. 무소유는 가장 큰 소유다. 대략 15년 전쯤에 이생진 시인과 서해안 안면도 일대를 여행한 적이 있다. 그때 이생진 시인께서 붉게 물들어가는 석양을 바라보며 말했다. "저기 하늘을 좀 보세요. 저 하늘은 누구의 하늘입니까? 바라본 자의 하늘입니다." 인간은 자기 것도 아니면서 선을 긋고 등기를 내며 소유하려고 한다. 그런데 그것은 결코 소유가 아니다. 그런 걸 소유하는 순간 그 사람은 그 안에 갇히게 된다. 새들은 지붕을 만들지 않음으로써 우주의 일원으로 살아간다. 언제든 하늘을 날 수 있고, 나뭇가지에 쉴 수 있으며 땅에 내려와 곡식이나 열매를 먹을 수 있다. 그러나 그러한 특권은 그냥 만들어지는 것이 아니다. 지붕을 만들지 않음으로 인해 받아내야 할 비바람의 고통을 새는 알고 있다. 그러나 잠시 몇 날 며칠 감내해야 할 고통보다는 언제든 날아오를 수 있는 자유가 더 크다는 것을 새는 누리고 있는 것이다. 새가 용마루에 앉는 것은 그것이 지붕이란 것을 모르기 때문이다. 새에게는 지붕이란 개념이 없다. 다만 지형지물을 이용해 자신의 새끼를 원만하게 길러내려는 본능은 자연의 섭리다. 지붕을 만들지 않음으로써 별들의 만찬을 즐길 수 있음을 발견해낸 변삼학 시인의 관찰력에 엄지손을 치켜든다.

아침 빛발이 서면 제각기 각을 세워 출발한다
평각(平角)을 세운 내 반달 앞에
변화의 오각(五角)을 찾는 남편의 발걸음은 바쁘다
청초한 직각(直角)을 바라는 어미 앞에
아이들 기울임체 예각(銳角)을 즐기며 걷는다

시간을 연마해 원만한 각을 꿈꾸는 우리
다분한 힘의 균형을 맞잡아
모든 각의 지릿대 기둥뿌리를 원형으로 세운다
그래도 때론 흔들리는 각들
사방 꼭짓점을 찾아 줄줄이 각의 흐름을 따라
내 평각 안으로 오롯이 불러
호흡을 다듬어 발효의 새콤한 충전을 불어넣는다

효율적 애정의 배려를 익힌 중심에서
세파에 순응하는 기울기 두 편각(偏角)과
모든 각을 잇대어 펼쳐 보면 내일을 위한
원각(圓角)의 보석 귀걸이가
무한이 빛나는 내 안의 평온한 각의 가족

- 「角의 가족」 전문

각(角)이란 뿔의 한자 표기다. 뿔이란 뾰족하게 나온 독립된 부분을 말한다. 이 세상에 각을 세우지 못한 것이 얼마나 많은가? 인간에게 있어 각(角)이란 자존심이다. 각(角)이란 자기 일에 대한 자긍심이며, 각(角)이란 자기 역할에 대한 책임감이다. 그러나 자존심이란 생산품이나 일에서 나타나야 하지, 말을 앞세우면 안 된다. 세상이 모두 자기의 각(角)을 세우려 할 때 다툼이 일어나며 자기의 각(角)을 무너뜨리고 양보할 때 평화로워진다. 자신을 지키지 못하는 불성실한 각(角)과 남의 것을 빼앗는 비극의 각이 파멸을 이르게 한다. 셋, 즉 나와 네가 아닌 3자가 끼어들 때 우리는 이를 3각(角)관계라 한다. 즉 셋 이상이 모임으로써 이해의 충돌이 발생하는 것이다. 변삼학 시인이 말하는 각(角)이란 단순히 다리를 말하거나 가족 간의 자존심만을 말하는 것이 아니다. 나눔의 충돌과 선후의 충돌로 인해 발생되는 각(角)의 문제는 자신의 각(角)을 후퇴시켜야만 원만한 관계를 유지할 수 있게 된다. 달은 각(角)을 달리 할 때 낮이 되며, 해는 각(角) 달리할 때 밤이 된다. 각은 세우기 위해 존재하는 것이 아니라 마모됨을 위해 존재하는 것이다. 국가 간의 각(角)을 이념이라고 하고 이를 통칭하여 이데올로기라고 하는데, 각이란 결코 자신의 완성을 위한 행위가 아니다. 이웃에 대하여 각을 세울 필요는 없다. 각(角)은 세울수록 점점 뾰족해져 가시가 되며, 무너뜨릴수록 원으로 다가설 수 있다. 시도 그렇다. 원관념을 세울수록 시는 초보 상태를 면치 못하게 되는데 반하여 원관념에 대한 각을 마모시킬수록 좋은 시를 쓸 수 있게 된다. 예를 들어 바다란 원관념은 많은 물이 있고, 물고기 등 해산물에 생산되는데 국한되지만 원관념의 각(角)을 무너뜨릴 때 정보의 바다, 인연의 바다 같은 보다 확장된 새로운 바다를 만날 수 있게 된다. 결국 변삼학 시인이 이 시에서 말하고자 하는 각(角)은 세우기 위한 각(角)보다 무너뜨리기 위한 각(角)을 이야기하고 있는 것이다.

끝없이 길어도 강, 그녀가 지루하지 않은 것은
빠른 시간을 담고 흐르기 때문만은 아니다
바람이 그녀의 몸을 파랗게 흔들어서도 아니다
어머니 품 같은 포용력이 있기 때문,

그녀 앞에서는 모든 게 다 칭얼대는 철부지들이다
그녀에게 아침부터 안아달라고 어리광부리는
솜털구름은 내 어린 한때를 흉내 내고 있다
제, 무게를 알지 못하는 언덕 위, 미련한 곰 바위
늘 업어달라고 어른대는 것은
철이 덜 들었던 오빠의 흉내이다
강둑에 달맞이꽃들 함께 놀아달라고 떼를 쓰는 것은
내 연년생 동생들의 귀여운 흉내를 내고 있는 것

이 말씽의 배경을 다 품은 그녀의 거울이 길수록
아득하지 않은 것은 그녀가 대지의 어미이기 때문,
어미의 젖내를 맡고 자란 것들 일생 보채는 것은
그녀의 모정이 양수(羊水) 같은 품이기 때문이다

– 「강의 모정」 전문

변삼학 시인은 이 시에 있어 원관념 '어머니'를 돋보이게 하는 최선의 재료로 '강'란 보조관념 택하고 있다. 조국, 고향, 바다, 항아리, 수건, 모란, 한글 등 어머니를 상징하는 말은 무수히 많다. 변삼학 시인은 그중에 강을 택하여 어머니의 정을 은유한다. 강은 모정의 대명사다. 강은 어미가 젖을 주듯 그렇게 풍만한 유방을 꺼내 우리를 먹인다. 단 한 번의 손찌검도 없이 우리를 키운다. 그래도 우리는 머리통으로 어미의 젖을 들이받는 송아지처럼 앙탈을 부리며, 풀빵구리에 쥐 드나들듯 드나들며 퍼가고 빨래를 하며 그 강에서 멱을 감는다. 그리고 강의 혈관을 터 곡식을 키운다. 대대로 수억의 사람들에서 나온 수천억 갈래의 사연이 모여 이루는 강이다. 우리네 사람들의 일거수일투족에 대하여 머리카락에서 발톱까지 시시콜콜 아우르며 '어화둥둥 내 사랑' 사랑가를 불러대는 강이다. 강은 밤새 아우성치는 혼귀(魂鬼)들을 자중시키고 다독이며 자장가를 불러 재워놓고 새벽이 되면 머리에 지진이 날 것처럼 악이 받쳐 강은 소리 없이 운다. 임진왜란을 동학농민운동을 일제강점기를 육이오를 견디며 얼마나 강은 울었을까? 얼마나 악이 받쳤을까? 한겨울의 차가운 강도 열을 받는다. 너무나 약이 올라 피어오르는 안개를 보면 강이 얼마나 악이 바치는지 알 것 같다. 강은 수십 넓이로 천 리 먼 길을 달려오면서 어느 자식 하나 어느 동생 하나 떨어뜨리지 않고 데리고 오는 어머니의 포용을 보여준다. 말하지 않고 몸소 흐르며 자중하는 어머니의 슬기를 가르친다. 그 많은 삶의 소용돌이를 다독이며 평면을 유지하는 평정심 깊은 어머니의 따스함으로 감싸 안아준다. 강은 유순한 어미소가 되어 우리에게 젖줄이 되어준다. 변삼학의 강은 그렇게 유구한 역사를 흘러 온 어머니의 강이며 우리 민족의 가슴에 흐르는 강이다.

노인정 앞마당에 한 줄 행간의 징검돌이 된 돌매들
그 가슴에 봄볕을 담아 모은다
사월의 햇볕을 딛는 노인들 발걸음이 기우뚱 기우뚱
그들 지난 삶의 눈금이 보인다
입 하나만 갖고 태어난 돌매의 암쇠가 어떻게 아느냐고
나는 묻지 않는다
마마자국 진 얼굴에도 보이지 않는 눈, 코, 귀가 있다
돌비늘의 숨구멍은 기억이고 흐느낌이다

낟알 씹던 행위 멈춘 지 오래
어처구니 닳도록 알곡만 갈다 예고 없이 유기당해
디딤돌로 묶인 중력은 잔디에 갇히고
땅 질척한 날 쇠한 노인들의 발걸음 받드는 충정에
굶주림 따윈 잊은 채 입술은 마침표로 퇴화해간다
노인정 유리창 진저리치도록 걸진 목소리의 안노인들
돌매질, 쑥, 냉이 캐던 어렵사리 민담은
창밖 앵두나무가 받아먹고 조잘조잘 새싹을 틔운다

이젠 믹서기에 밀려 할 일이 없어진 돌매들
새들이 하늘에 음표를 심는 볕 좋은 날
원적외선 징검돌 건너는 야윈 발목들을 데우는
목적이 주어진 돌매도 자부심을 하늘에 심는다
밟아도 밟아도 닳지 않는 약돌, 보석돌이 되자고,

- 「징검돌이 된 돌매」 전문

언젠가 예술원 회원이셨던 성찬경 시인 댁을 방문한 적이 있다. 지금은 하늘에 별이 되셨지만, 성찬경 시인은 자기 집에 문패 대신 '물질고아원'이라는 간판을 달고 살았다. 그는 버려진 물질들을 주워와 새로운 생명을 부여하고 있었다. 내가 성찬경 시인 댁을 방문할 때는 마침 6월 앵두 익는 철이었다. 그의 정원인 물질고아원 안에 들어서자 브라운관이 없는 망가진 텔레비전 안으로 앵두가 새빨갛게 익어가고 있었다. 성찬경 시인이 나한테 물었다. "저 TV가 무슨 티브이인 줄 아세요?" "글쎄요. 왜 망가진 테레비를 가져다 놓으셨어요?" "저 TV는 실시간 티브이입니다." 나는 성찬경 시인의 말씀에 뭔가 둔기에 한 방 얻어맞은 듯한 느낌이었다. 고장 나지 않은 TV는 드라마나 스포츠를 녹화했다가 틀어주지만, 저 TV는 실시간으로만 보여준다. 실시간으로 꽃피는 것과 앵두가 열리는 것과 낙엽이 흩날리는 것과 앙상한 나뭇가지에 눈꽃 피는 걸 실시간으로 보여준다. 나는 그때 고장 난 TV를 보면서 세상에는 고장 난 삶도 끝나는 삶도 없다는 것을 깨달았다. 잘 나오는 TV는 TV로밖에 쓸 수 없지만, 어릴 적 망가진 대한전선 TV를 옷장으로 썼던 기억이 난다. 의자로서의 생명을 다하면 전혀 다른 생명을 부여받는다. 지팡이나 부지깽이, 고춧대, 지시

봉 등로 쓰일 수도 있고, 새로운 용도를 부여받을 수 있다. 정년퇴임을 한 사람은 불만을 털어놓지 말고 정작 정년퇴임 이후부터 새로운 자기 인생이 시작됨을 깨달아야 한다. 인생을 90살로 볼 때, 처음 30년은 부모님 돌봄 속에 살아온 인생이고, 가운데 30년은 일하느라 살아온 인생이며 60살 이후부터가 비로소 자기만의 인생이라 할 수 있다. 맷돌이 제 기능을 할 때는 어처구니에 의해 어지럼증을 참고 콩을 갈아야 하지만, 제 기능이 끝났을 때 징검다리가 되거나 장식품이 되기도 한다. 정년퇴임을 하게 되거나 아이를 다 길러 분가시키고 나면 그동안 하고 싶던 여행이나 골프를 마음 놓고 할 수도 있고, 시인이나 화가, 기타리스트가 될 수 있는 것이다. 이 시에서 변삼학 시인은 "끝은 끝이 아니라 새로운 시작"임을 말하고 있다. 기능을 유지하는 맷돌은 곡식을 갈아 두부나 녹두전을 만들게 해주지만 기능을 다한 맷돌, 즉 변삼학이 본 그 노인정 앞마당에 한 줄로 놓여진 맷돌은 비오는 날 발목을 적시지 않고도 푸르른 여름으로 들어갈 수 있고, 가을과 같은 풍요로 나갈 수 있으며, 집안에 운치 있는 풍경을 들여놓기도 하고, 내 안에 맷돌을 매개로 그리운 어머니를 살게 하는 효과를 가져다주는 것이다.

> 원정 출산이 끝나면 시민권을 받지 않고 본적지로
> 돌아가는 철새들과는 달리
> 출생지가 본적지인 텃새들은 항시 거주지의

물상(物象) 위를 맴돌며
일생 높이 날지 않는다. 그들은 언제 나타날지 모를
솔개를 피하는 것이 텃새들의 삶,

호적초본도 뗄 겸 부모님도 뵈올 겸 고향을 찾던 게
이젠 앉은자리에서 떼는 문서들
인터넷 시대에 모두가 텃새의 주민이 되어간다
고향의 지킴이와 나누지 못한
삶의 몫을 찾는 이들 끝없이 치솟는 마천루 속에 제
둥지 한층 끼우는 게 소망의 높이다

보이지 않는 경계 안, 공중과 땅 위의 반올림 사이에
텃새들의 알이 부화하듯
태어난 이들에 고향을 물어보면 출생지가 고향이다
고향을 잃어가는 시민들
언젠가 텃새도 철새도 사람도 아닌 뿌리 없는 돌연변이
머지않아 지구촌을 채워갈지

－ 「텃새」 전문

우리 농촌에는 이미 필리핀, 베트남, 중국을 중심으로 한 동남아시아 및 러시아, 카자흐스탄, 우즈베키스탄, 몽골 등지의 중앙아시아 신부가 우리의 농촌총각들과 결혼하여 살고 있고, 공장 및 농어촌에 많은 외국 인력이 취업비자로 들어와 일하고 있다. 우리나라 사람들끼리 했던 텃새와 철새 논쟁은 이제 국제적으로 번져가는 양상이다. 우리나라 문화에서 고향이 어디며 본적이 어디냐고 묻는 문화는 단순히 궁금해 물어보는 차원을 넘어서 의심하고 경계하는 나쁜 풍습의 결과를 나았다. 게다가 한 지역 출신의 사람들을 일방적으로 싫어하거나 매도하는 일이 반복적으로 일어나기도 했는데 이는 공산주의 북한과 마주한 국내의 정치적 상황에 의해 우리도 모르는 사이에 생겨난 불신이 원인이라 할 수 있다. 제주4.3사건, 부마사태 등 간첩에 의해 소요사태가 일어났다는 정부의 판단에 의해 군부가 무고한 시민을 학살하는 일이 대대적으로 벌어지는 것도 그러한 불신이 작용하였다. 게다가 중앙정보부나 국가안전기획부 등의 정보기관에서는 주민을 감시하고, 취업에 불이익을 주는 연좌제를 운영하기도 했다. 6·25전쟁과 남북분단이라는 특수한 시대적 배경에서 사상범뿐만 아니라 단순월북자 등의 친족에게 사실상 불이익처우를 하는 것이 일반적인 관행이었다. 이러한 연좌제는 1984년까지 우리나라 산업 전반에 걸쳐 만연되었다. 할아버지가 화천군수로 가셨다가 북한군에게 끌려가고, 큰아버지가 민주당청년부장을 하며 원산에 일 보러 들어갔다가 못 나오신 상황 하에서 우리 가족은 한동안 정부의 의심을 받으며 살아야 했다. 이제 우리는 글로벌한 세계화 시대에 살고 있다. 철새니 텃새니 하는 말은 이제 우리 생활에서에서 점차로 소멸되면서 국어사전에서나 찾아봐야 할 말이 될 듯하다. 토박이라는 이름으로 살러 온 사람을 괄시하거나 잠시 여행 온 사람을 푸대접하다가는 지역의 상권이 붕괴되기 때문이다.

이상과 같이 변삼학 시인의 시 몇 수를 읽으면서 그의 문학세계를 여행해보았다. 그녀의 작품은 여전히 젊고 패기 있으며 다양한 시적 기법과 폭넓은 관심사를 통해 쓰여졌음을 느낀다. 그녀의 작품은 하나같이 은유의 강에 발목을 드리우고 물고기를 건져 올리는 학 같이 고고하다. 그래서 나는 변삼학 시인의 시세계를 한마디로 요약한다면 '관찰과 은유의 두 양극을 향한 나침반'이라 말하고 싶다.

변삼학 시집

아기의 발코니

초판발행일 2021년 11월 15일

지은이 : 변삼학
발행인 : 김순진
편집장 : 전하라
디자인 : 김초롱
펴낸곳 : 도서출판 문학공원
등 록 : 2004년 3월 9일 제6-706호
주 소 : (우편번호 03382) 서울 은평구 통일로 633
녹번오피스텔 501호 스토리문학사
전 화 : 02-2234-1666
팩 스 : 02-2236-1666
홈페이지 : http://www.munhakpark.com
이메일 : 4615562@hanmail.net